培养天才宝宝的魔法游戏

（德）格尔达·皮金 著

王 爽 译

辽宁科学技术出版社

沈阳

目录

可爱的宝宝降临了。他的第一声响亮的啼哭是为了吸引爸爸妈妈的注意。那是在宣布："亲爱的爸爸妈妈，我来了，快抱抱我吧！"十月怀胎，一朝分娩。对于父母来说这是最幸福的时刻。这一幕，那可是经过了9个月的漫长等待啊！

这个小家伙将来可能会变成什么样？其实，答案的一部分在他出生的时候就已经确定了，只是大家都不知道罢了。因为，每一个宝宝都是与众不同的，生来都具有不同的天资，他们来到这个世界上的时候并不是一无所有的。至于最终他会成为什么样的人，培养出了哪些素质又荒废了哪些资质，其实都是取决于后天受到的培养、引导以及环境的熏陶。

作为爸爸妈妈需要做的，就是在宝宝需要的时候给予适当的帮助和正确的引导，逐渐把他培养成人。这个任务非常艰巨，而且需要从宝宝出生就开始付诸行动。但是，也不要过分紧张，因为它并不像传说中的那么难。宝宝们不仅拥有很高的天赋，还具有很强的能力。新生儿绝对不是一个被动的、没有行为能力的小生物，这可是经过科学和实践验证过的！相反，在出生之前，宝宝就已经具备了一系列身体适应能力和基本的社交能力。想要证据？看看宝宝们从离开妈妈的子宫到出生之后的各种表现就知道了。

一分钟之前他还安逸地待在妈妈的子宫中，过着小鱼一般的生活，一分钟之后他就能在陆地上自由地呼吸了。刚刚出生的宝宝，躺在妈妈的怀里，就会睁开他的小眼睛，看着妈妈，几分钟后，就会本能地张开小嘴，在妈妈怀里四处寻找美味的乳汁。第一次给宝宝哺乳，是妈妈们人生中一个非常重要的时刻，这一刻，妈妈和宝宝建立了最初亲密的联系。母爱油然而生。事实上，几乎还没出生，宝宝们就能够表示他们的需求了，他们非常注意周围环境的变化，只要有需求，就会通过自己的行为做出表示。爸爸妈妈们应该注意这些微小的信号，不要把自己的宝宝理想化，坦然面对宝宝的特点和需求，并且因势利导。那么，在最初的几个月中，你就会获得意想不到的效果哦！

现在，就让我们一起来从与宝宝在一起的时光中学习吧，仔细体验每一次跟宝宝的玩乐、亲吻、拥抱。甚至是吃饭、洗澡，跟宝宝说话，给宝宝洗澡，交流无处不在。

第1章

人生中最初的 3个月

每个宝宝都有自己独特的才能和天赋，许多所谓的天赋都隐藏在他们小小的身体里。作为妈妈，如果能善于发现宝宝的天赋和才能，并及时进行相应的启发与引导，那么将对宝宝产生深远的影响。

宝宝身体上会发生哪些变化

伴随着生命中的第一声啼哭，新生儿开始用肺呼吸了。在妈妈肚子里，宝宝是依靠脐带从母亲的血液中获取必要的氧气的。分娩之后，宝宝的肺泡自动张开，他就能够自己呼吸了。当宝宝睡觉时，他的呼吸频率大概为每分钟40次，非常快吧！当宝宝醒着的时候，当他运动、叫喊、高兴或者痛苦的时候，呼吸频率会显著增快，比睡觉的时候要快得多。

在分娩后的最初几周内，宝宝身休中的血液循环也需要进行相应的自我调整。因为，在出生之后，血液不再是通过脐带进行循环，而是有了自己的方式，通过宝宝的心脏和肺来循环。这个时候，肺循环

和体循环的所有连接都建立了。这时候，宝宝的心跳还是很快的，每分钟可以达到100~140次。（清醒状态下还会更快）

尽可能地亲近宝宝——袋鼠育儿法

在妈妈的肚子里，宝宝在整个孕期都得到无微不至的关怀与保护。但是，分娩以后，宝宝则必须要自己战胜一切了。妈妈们想要帮忙吗？最好的办法就是经常把宝宝脱光光（或者穿着较少的衣服），然后抱在怀里，让宝宝的小耳朵贴在妈妈的肚子上，倾听妈妈的心跳声，感受妈妈的体温，这种柔和的声音和温暖的感觉对宝宝来说比任何东西都要有安全感。而且，当妈妈们把宝宝抱紧在怀里的时候，可以随时轻松地检查宝宝的体温，只要宝宝有一点儿发烧，妈妈们立刻就能感觉得到。

新陈代谢在最初几个月的超高效能

在最初的几个月里，宝宝的新陈代谢是非常高效的。这时，宝宝所需要的营养供给不再是通过母亲血液的无意识被动接受状态了。这个阶段是宝宝一生中生长最快的阶段。宝宝6个月的体重将是他出生时的1倍，周岁时将达到3倍。也就是说，在宝宝刚刚降生的头几个

月里，营养和水分的供给和摄入是非常重要的。通常情况下，一个婴儿，每天每千克体重需要分7次摄入150毫升的液体。

母乳——宝宝最理想的食物

对于宝宝来说，最好的食物莫过于母乳了。母乳中的营养物质和液体成分调配非常的准确，这是配方奶粉和其他食物都无法比拟的。

母乳对月龄小的宝宝尤为重要，因为，这个时期，宝宝的消化系统是非常敏感的。肠黏膜还没有发育成熟，整个胃肠系统的功能还不完善。因此，应该尽可能用母乳喂养，即使因为某种原因不能喂奶，在选择适合的婴儿奶粉时也要非常小心，这对于将来过渡到辅食阶段（4~6个月）是非常重要的。

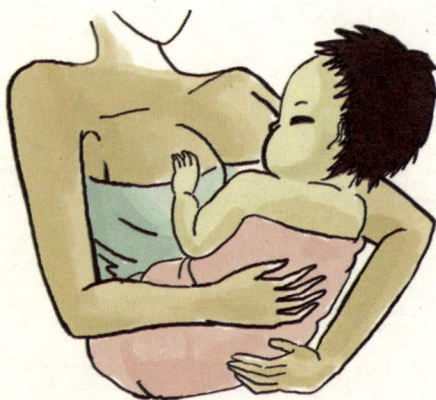

新生宝宝总是哭个没完，但实际上，并不是每次叫喊或是哭闹都说明宝宝哪里疼痛。因为宝宝们不会说话，他们的表达能力还很有限。只要细心观察，妈妈们很快就能学会如何区分宝宝的不同哭声都代表着什么意思了。

对于新生儿来说，最受不了的恐怕就是寒冷的冲击了。在妈妈肚子里的9个月里，宝宝都被约37℃的恒温笼罩着。现在，宝宝小小的身体必须要靠自己抵御寒冷的侵袭。身体温度的恒定对于所有人来讲都是必要的。但是，对宝宝来说，要想达到自动调整体温，还需要几周的时间。所以，在最初的几周里，妈妈们要注意不要让宝宝暴露在过冷或者过热的环境里。

感官系统是如何发育的

每个人都会不断地从他周围的环境中获得信息。一方面，他必须接收这些信息，把它们分类、整理，并对此作出反应。另一方面，他还需要尽自己的可能去影响外界环境。

为了接收信息，我们就有了感官系统：听觉、嗅觉、视觉、味觉以及触觉。外界的各种信息通过感官系统到达大脑的神经系统，在经过分析和处理，使我们做出一系列的其他行为。感官系统和神经系统在出生以前就已经形成了，并有着非常紧密的关联。

在宝宝出生时，发育最好的就是皮肤（触觉）以及位置和运动感官。用皮肤可以让他们觉察到不同的温度、疼痛和接触刺激。但是，新生儿对疼痛的感觉并不是那么敏感，这是因为传输系统没有大一点儿的宝宝或者成人那样反应迅速。新生儿只能感觉到5℃以上的温度差别。因此，当宝宝们因为过热或者过冷而有所反应的时候，这个温度差可能已经超出他们脆弱肌肤所能承受的范围，从而让宝宝的肌肤受到伤害。

嗅觉、味觉、听觉以及视觉的进步

触觉在宝宝出生时就已经发育得很好了。当你紧贴着宝宝的身体时，他们就能察觉出是爸爸还是妈妈。这种身体上的接触，会立刻让宝宝们感到温暖和安全，产生放松的情绪。新生儿的嗅觉和味觉也不是零发育，只不过在刚出生时这些感官还不能像几个月后表现得那么突出罢了。宝宝出生6~8天后就能分辨出妈妈和陌生人的气味。宝宝在妈妈的子宫里就已经有听力了。当然，出生后他还会产生短暂的听力迟钝。这是因为，在子宫里听东西跟在外面可是完全不一样的。那时，宝宝的周围全是水，而现在所有的声音刺激都来自于空气。此外，宝宝出生后，耳道内可能还会被一些积液（来自于羊水中坏死的皮肤细胞）和耳垢堵塞。但是，几周之后，这些东西就会消失，那时候你就会发现，当你和宝宝打招呼或是当宝宝觉察到其他响声的时候，他的头会转向声音的来源那一侧或是吓一跳。

过去，有许多人认为新生儿是看不见任何东西的。这是不对的。虽然新生儿的视觉神经还没有完全发育好，不能看清楚远方的东西。但是，新生儿能够短时间凝视一个物体（或是一张脸），他们能够看见妈妈的脸。第二个月开始，他就会变得主动。从这个时候开始他看东西就有立体感了。新生儿对于颜色和明亮度的分辨能力还很弱。但等宝宝长到8~10个月的时候，妈妈们就会发现，他们明显喜欢那些五颜六色的东西了。没错，这时候，他们就能够区分各种不同的颜色了。如果宝宝看到非常耀眼的光线，眼睛就会眯成一条缝，表情非常可爱哦！

宝宝最期待和最需要的是什么？是激励！

细心又充满爱心的父母每天都会觉察到自己的宝宝在发育过程中是怎样取得进步的，又是怎样不断地学习到新的东西的。宝宝的不断运动，以及与周围环境的频繁接触，将会使他变得更加敏感。妈妈们会发现，宝宝会自发地喜欢探知未知的事物，一切对他来说新鲜的事物，他都会非常好奇。妈妈们可以根据宝宝的这个特性，对他进行适当的帮助和引导，只有这样才可以让宝宝得到最理想的成长。这个道理就好像当他打开一扇窗户，如果看到窗外风景秀美，那么他会期待下一次开窗的时刻，但如果看到窗外什么都没有时，他会关上窗户，而且一段时间之内都不会再打开了。如此一来，宝宝的好奇心就逐渐消失了，这样的宝宝长大后会缺乏创新意识和探险精神。

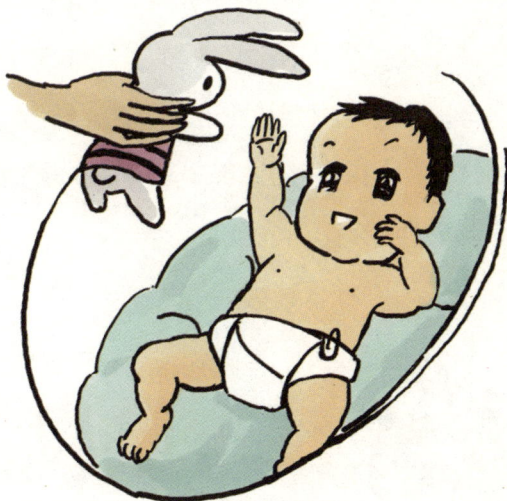

神经元开始相互结合

人类最复杂的器官就是神经系统。新生儿的神经系统还没发育完全。虽然神经元是很完整的，而且也有一些很重要的连接，例如从

脊椎到一些器官和肌肉或者从感觉器官到中枢神经系统的连接已经结合得很好了，但是，还缺少些什么呢？单个神经元的周围密布着各种连接线路，它们可以让人思考行动，交涉协调，自如运动。这些"线路"的接通还需要至少两年的时间来完成，直到3岁时，才能够把这些"布线"全部接通。妈妈们需要知道这些发育的过程是怎么样的，这样，在跟宝宝相处的过程中，多让宝宝接触其他的小朋友，多多参加社交行动，并且适时地鼓励和激励宝宝，会对神经元的结合有一定的促进作用。

这个阶段的宝宝需要什么

充足的食物和睡眠，适量的运动，新鲜的空气，父母的关注以及精神上的激励都是宝宝在前几个月里迫切需要的。对于所有的新手妈妈们来说，在最初的日子里总是手忙脚乱，非常焦虑，因为你无法弄清楚宝宝的哭声究竟意味着什么，他想要什么。但是，我要告诉你们的是，没有必要过于焦虑，因为每个健康的宝宝从出生开始就有能力去表现需求，并且能够准确地传达信息。他会一直用喧闹和叫喊来表达他所需要的。妈妈们需要做的，就是仔细观察，慢慢学会辨认究竟是发生了什么：是饿了？需要被抱抱了？需要换尿布了？冷了还是太热了？是否想睡觉了或者是想和你玩游戏了等。如果宝宝们对某件事物不再喜欢，受够了，他们也会有所表示的。想要知道宝宝究竟需要什么，妈妈们就需要弄清楚宝宝各种各样的叫声和哭声的含义。这些信号通过仔细地观察和分辨是可以掌握的。在分娩后的前几周中，新手父母们忙于进行角色的转换，照顾宝宝，熟悉一切原本陌生的东西，往往没有时间来观察宝宝的这些信号。不过只要你经常亲近宝宝，多跟他在一起，慢慢地，你就能够辨认出他不同的需求了。

> 宝宝会明确地表示出高兴或者是不舒服的感觉。只要细心观察，妈妈很快就能发现这些信号的秘密。

正常的生理需求和精神需求

还有一件事儿也是妈妈们不用担心的：宝宝的过度需求。尤其是刚刚分娩的几周，妈妈本身就有些焦虑，如果宝宝特别吵闹，妈妈就会更加困扰了。为什么说无须担心宝宝的过度需求？因为，在这个阶段，婴儿的需求和满足系统会进行自我调节。也就是说，只有当他真正需要的时候，他才会要求，而且他只对他的那些需求有所要求。宝宝的生理需求主要指的是想喝东西或是睡觉等，精神上的需求则是指想玩游戏或是拥抱亲吻等。只有大一点儿的、已经有自我意识的宝宝才有可能故意有额外的要求，那时候，妈妈们必须对宝宝有所限制。但是对于3个月以内的婴儿，没有这个必要，妈妈们应该尽可能地满足宝宝的各种需求，让宝宝总是处于满足的状态。

这个阶段最适合的游戏

在最初的几周里，妈妈和宝宝做游戏的时间是非常少的。这个阶段，宝宝每天要睡15~16小时，有的宝宝甚至能睡上20小时。而且宝宝们不分白天和黑夜，这期间还要喂奶，给他洗澡、换尿布以及把他放在推车里走走。尽管表面上看起来这段时间很是枯燥，但实际上，躺在童车里的宝宝是非常需要鼓励和关注的。他对周围的事物产生了好奇与好感。尽管这个时候的宝宝还不是很主动，但是，如果你给他一个摇铃之类的小玩意儿，他会把它握在手里或者含在嘴里，妈妈们可以发现宝宝玩得非常高兴，认真地观察，并把它弄来弄去，晃动它，抚摸或者触摸它。所有这些看似简单的动作都能够刺激宝宝的感官系统。在这里，我要给妈妈们介绍一些不需要花费额外时间就能够跟宝宝进行互动的游戏，你可以在给宝宝换尿布、喂奶甚至洗澡的时候跟宝宝玩。对于三个月以内的宝宝，游戏的时间不用过长，最好不要超过15分钟，因为这个月份的宝宝最喜欢的就是睡觉了，玩不了太久他就会困，这时候如果妈妈还坚持跟宝宝做游戏，不仅不会取得很好的效果，而且还容易使宝宝"闹觉"。

妈妈的温柔按摩——抚触

身体触摸与皮肤接触对于宝宝来说是至关重要的。在很多国家，尤其是在一些热带地区，对于宝宝的按摩都是非常普遍的护理。人们觉得这样宝宝会变得更强壮。这种想法不无道理，因为科学已经证明，对于早产儿来说，定期温柔地按摩可以促进他们更好地发育。

给宝宝做按摩时，最好是把他舒适地放在地板上或是放在双腿上。同时，要保证房间里一定要非常暖和才可以。将合适的精油（或者婴儿按摩油）倒入手心，然后用手搓热，再温柔地涂抹在宝宝的身上，从肩膀开始，一直到脚趾。精油或者婴儿油的用量不要太多，一点点就足够了，只要在皮肤上涂上薄薄的一层就可以了，记住，不要往宝宝的脸上抹！

现在，确保全身都涂好按摩油之后，轻轻地（力度也不要过于轻），从上到下来给宝宝做按摩吧！

按摩的顺序是这样的：胸部—双臂—双手—肚子—双腿—双脚。至于宝宝是不是喜欢，效果如何，妈妈从宝宝的脸上就能看得出来。如果宝宝很喜欢，妈妈可以让宝宝横卧在你的肚子上，与双腿呈垂直状，然后用上述同样的方法按摩宝宝的后背。最后，再用轻柔的双手来回地抚摸宝宝的全身，这个动作会让宝宝非常放松。如果宝宝有胃胀气，那么妈妈给宝宝做一下腹部按摩是非常有效的：用手从肚子的右侧向左侧持续地按拉过去，反复多次。

那么，从什么时候开始做按摩呢？什么频率比较合适呢？其

实，从宝宝4周大的时候，妈妈就可以开始给宝宝做按摩了。如果妈妈们的时间比较充足，建议最好每天都给宝宝做一次。如果实在没有时间，一周也最好能够做上两三次。相信我，妈妈的按摩能够迅速抚平宝宝焦躁的情绪，而且还能有效地刺激宝宝的感官系统，让他们发育得更好，何乐而不为呢？

音乐盒是一种非常适合小宝宝的玩具。虽然他太小了，并不会玩，但音乐盒发出的美妙旋律可以刺激宝宝的听力，促进听觉敏锐度的发育。而音乐盒里随着旋律旋转的小人儿，能够吸引住宝宝的眼球，这使得宝宝在锻炼听力的同时，视觉也得到了很好的刺激。

我爱洗澡，皮肤好好

绝大多数的宝宝从开始就喜欢洗澡。这不奇怪，毕竟他已经在妈妈温暖的子宫中游了9个月的泳。妈妈们不要小看给宝宝洗澡这样简单的活动。洗澡绝对不仅仅是给宝宝清洗身体那么简单。妈妈应该充分利用宝宝在澡盆里的时间来跟宝宝做游戏。

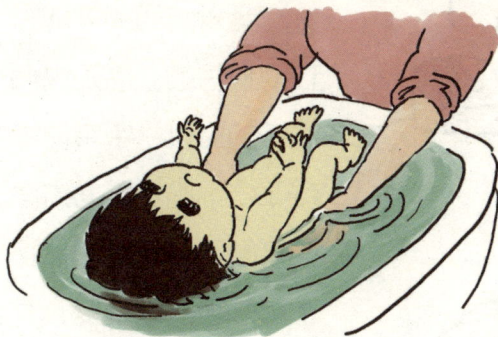

游戏方案一：让宝宝平躺在妈妈的手心上，将宝宝托起，然后放在水面上，让宝宝的后背浸入水中，然后往远离妈妈身体的方向推，再把他慢慢地拉回来，然后再推。

游戏方案二：给宝宝准备些有趣的沐浴玩具，比如橡胶小鸭子等五颜六色的洗澡玩具。虽然这个时候宝宝还不怎么会玩，也不太会抓握这些玩具，但是他会一直盯着这些花花绿绿的东西，这个动作本身也可以刺激宝宝视神经和其他感官系统的发育。

音乐的魔力

宝宝喜欢各种各样的声音，当然，除了那些让他感到害怕的巨大噪声之外。所以，妈妈要经常唱歌给宝宝听。无论妈妈们是麦霸还是五音不全，都应该坚持。即便是用那种"不那么动听"的声音唱给

他听，也绝对不会对宝宝在音乐方面的才能有任何损害的。当妈妈们唱歌的时候，宝宝便取得了与妈妈在听力方面的接触。音乐能够增强宝宝感官的敏锐度，并且让宝宝感受节奏。所以我建议妈妈们要抓住一切可能的机会给宝宝唱歌听。比如，在给宝宝换尿布或是洗澡的时候，跟宝宝玩乐或者做按摩的时候，带着宝宝在院子里溜达的时候等。此外，还要给他带来其他音乐方面的刺激。比如，在婴儿床边挂一个音乐床铃，还可以放广播和CD给宝宝听。

最简单的声音游戏

不仅仅是音乐能够刺激宝宝的听力发育，各种各样的声音都可以。妈妈可以收集各种声音，比如一个摇铃、一串钥匙甚至拍手都可以，然后让这些声音在宝宝周围绕一圈。以摇铃为例，先把摇铃放在宝宝正面摇一摇，然后再在宝宝左耳边晃一晃，右耳边晃一晃，脑袋

后面摇一摇，最后再回到正面摇一摇，这样宝宝就会跟随着声音的移动而转动他的小脑袋了。

抓握

抓握是宝宝在前几个月的一种本能反应。妈妈把手指头放在宝宝的手心里，宝宝会立刻握住它。这个动作看似很简单，宝宝却非常喜欢。如果宝宝抓住了你的手指时，妈妈把脸靠近宝宝，并且给他一个充满爱意的笑脸，宝宝会格外开心的。从第二个月开始，你就会发现，宝宝会回赠给妈妈一个甜美的笑脸了。这就是最初的社交能力了！

房间里的装饰

在最初的几个月，宝宝很喜欢看到所有会动的东西。最喜欢的就是看人的脸。当然，妈妈的脸一定是最受小家伙欢迎的。婴儿床的上方可以放一个可旋转的

床铃，这样宝宝躺着的时候可以看。此外，还可以在屋子里放一些充气的气球，在这些五颜六色的气球上画满各种各样的表情。或者用彩色的丝带绑一些画有各种表情的纸板，挂在屋里。不时变换一下这些东西的位置，让宝宝总能看到新鲜的东西。

安全很重要

婴儿床的上方挂满了各种各样的物件，的确可以使宝宝产生无穷无尽的想象力。但是，这些东西千万不要过重，而且一定要固定好，要把它们挂在宝宝够不到的地方。因为妈妈们总有走开的时候，不可能一直陪着宝宝，而这个时候宝宝已经能够用他的小胳膊四处比划了，如果他够到了这些有绳子的东西，很可能会出危险。

> 宝宝们都喜欢运动和接触，因此与他们在一块儿嬉戏会大大满足他们的这两种喜好。当然，这项娱乐的前提条件一定是当他们的颈部肌肉系统发育完全了，能自己控制头部运动的时候才可以。

宝宝健身操

宝宝健身操可以有效促进宝宝四肢的发育。下面我来介绍一种非常简单的健身操。请妈妈握住宝宝的双手，然后把他的胳膊向两边展开。记住，动作一定要非常轻柔。然后，把他的双臂交叉到胸部，再平展打开到两边。把他的双手举过头顶。也可以让双臂做反向运动：一个胳膊向上，另一个向下；或者一个弯向胸部，另一个则平展

向外。最后再把双臂交叉到胸部。然后是腿部运动：伸展，弯曲，分开，同向和反向都可以。尽量反复地多做几次。当然，如果发现宝宝不喜欢这项运动，甚至进行抵抗，妈妈们就先不要勉强了，下次再做吧。

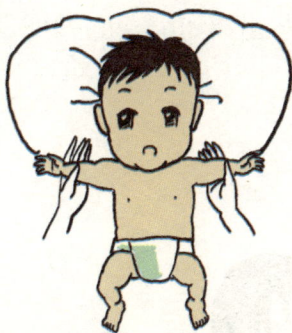

STOP

彩色玩具的诱惑

　　宝宝出生一周后，妈妈就可以用一些东西来引导宝宝的兴趣。把各种各样五彩缤纷的物件放在他面前，例如鲜红的小球，绿色的摇鼓，或是一个蓝色的小娃娃。他会兴奋得手舞足蹈，盯着那个东西不放。这个游戏会让宝宝非常快乐的。

给宝宝做"素描"

　　在给宝宝换尿布的时候，妈妈可以试试下面的游戏：用手指在宝宝的脸上轻柔、爱抚地"临摹"。眉毛、鼻子、上嘴唇、下嘴唇、面颊、额头以及耳朵。最后用整个手亲昵地抚摸他的小脸。这时，你可以给他唱歌或是直接说出你所指的部位，告诉宝宝："这里是你的眉毛、脸颊、耳朵……"

有趣的鬼脸

请妈妈弯下身来，将妈妈的脸贴近宝宝的脸，先让宝宝注视妈妈一会儿。然后，撅起嘴巴，冲他笑笑，再做一个紧鼻子、伸舌头的鬼脸。一遍又一遍、慢慢地做。要让宝宝清楚地看到妈妈每次变化的表情。然后，你会发现，宝宝会模仿这些鬼脸表情，他的脸也会随之变化起来，一个自我发挥的"小鬼脸"便会呈现在妈妈的面前了。

坐着的乐趣

当然，这么小月龄的宝宝还不会坐着。而且，现在也不是让他坐的时候。但是妈妈可以通过短时间的游戏来让宝宝体会一下坐着的乐趣：轻轻地拉着宝宝的双臂，然后慢慢拉起宝宝，让他呈现坐着的姿态。需要注意的是角度问题，不要拉得太高，让宝宝的身体与床面呈60°角就可以了，不要让他垂直坐着。此外，如果给未满月的宝宝做这个游戏，妈妈们应该格外注意，因为这个时候宝宝的颈部肌肉还不能很好地控制他的大脑袋，很可能会往后仰的。

这个阶段的宝宝，每天都在学习新的东西，动作越来越协调，与外界的接触也变得越来越多元化。细心的父母们会发现宝宝是怎样对事物产生兴趣并且一步步探索、发展自己能力的。你会发现，宝宝有时可能突然就喜欢上一件事情，宝宝每成功完成一个动作或是发现了一件有意思的"游戏"，他都会相当高兴，并且乐此不疲地不断重复那个动作或者"游戏"。

第 2 章

4~6个月

宝宝现在都学会了什么

4个月的宝宝会不断"检验"自己的肌肉发育情况。比如，当他趴着的时候，会伸展他的手臂和小腿，抬起小脑袋，肩膀往回拉，做个标准的游泳姿势。整个身体都在那摇摇晃晃的。如果妈妈拉起他的双手向上抬，你会发现他的头部也会跟着一起抬起来。宝宝运动的时候，整个身体都处于紧绷的状态，看起来非常认真。这个阶段，支撑宝宝头部的肌肉已经发育得更加强壮了。如果让宝宝采取侧姿，稍稍坐起来一些，宝宝的头部就可以保持直立了。

宝宝动作的平衡性明显有所提高。他的腿会很有力地蹬来蹬去，时不时地伸展伸展，如果有什么东西挡住了他的去路，你会发现他可以非常有力地把障碍物蹬开。这个动作看上去很简单，但实际上，对于未来宝宝学习走路是非常重要的一种锻炼。在这个成长阶段，宝宝还会发展出另外一个重要的成果，那就是把双手聚向身体中间。这个动作的完成可以引发宝宝一系列的兴趣，这个动作可以让他发现双手的重要作用，宝宝开始到处抓东西来看，玩自己的手指头也

是这个阶段宝宝最爱的游戏项目。从这个时候开始，宝宝会不断地练习把手放在嘴里的动作，这个动作开启了宝宝认知外界的大门。因为，宝宝主要是通过手和嘴来了解世间万物的。不管抓到什么东西，宝宝都会把它放到嘴里"尝"一下。宝宝们就是通过这种方式来分辨物质的特性的，例如硬和软，光滑和粗糙，热和冷等。

现在，妈妈能听到宝宝的第一声大笑了。而在此之前，基本上都是微笑。现在，妈妈们逗宝宝的时候，可以发现他们会发出很响亮的笑声，咯咯的笑声给妈妈们带来无尽的乐趣。此外，宝宝们开始发出最初的一些咿呀学语，嘎嘎大笑，不时发出奇怪的声音，说着一些只有宝宝自己懂的"语言"，每天重复，乐此不疲。

这个阶段，父母通过仔细地观察和辨认，能够逐渐分辨出宝宝不同的哭声代表着什么不同的含义，能够弄清楚宝宝哭的原因了。当宝宝生气或者恼羞成怒时，不停的叫喊声会充斥整个房间。如果是由疼痛引起的哭闹，听起来会是另外的样子。饿了或者需要妈妈换尿布了，哭声都是不一样的，都是——对应的。总之，这个时候的宝宝已经能够很好地表达自己的喜怒哀乐了。

第5个月，宝宝就可以用单臂或是双臂支撑起上半身，来回摆动腹部以上的身体了。头部已经能够完全抬起，而且可以随意转动。这两个进步使得宝宝能够看到周围更大范围内的东西了。于是，他开始更加深入地去

探索周围的世界了。当然，当宝宝抬头看东西的时候，头部偶尔还会由于支撑不了太久而垂下。妈妈们可以看到这样的表演：宝宝用双臂支撑起上半身，扭头，直到整个身体翻转过去。然而，小家伙并不会放弃尝试，他会不断地重复练习下去。

现在，拉起宝宝的双臂，直到宝宝完全坐起来。你会发现他低头向前，胳膊、腿都是弯屈的，肚子和背部的肌肉拉紧。妈妈握紧宝宝的胳膊，把他抱起来，宝宝的两条腿就像两根小柱子一样立在那里，你会发现他已经能够用脚尖支撑整个身体，并且可以持续几秒钟了，这是多么大的进步啊!

最初的社交意识逐渐形成

细心的妈妈会发现，当你把一个玩具放到宝宝面前时，他就会高兴得手舞足蹈，然后伸出他的手去抓这个玩具。这个时候，宝宝已经能够有意识地去触碰物体了，当然他们还不能非常准确地抓到它。在这个阶段，无论是宝宝自己的动作或是自身发出的声音都会让他很兴奋。他的眼部肌肉也得到了很好的锻炼，可以持续好几分钟地注视某样东西了。

这个阶段，宝宝们可以根据妈妈或者其他的家庭成员跟他讲话

的内容做出不同的表情，他会高兴地大笑，害怕、不知所措或是惊奇。也就是说，宝宝能够准确地分辨出他接收的谈话是友好、深情的，还是生硬、严肃的。而且，他能够分辨出周围人的表情，并且做出反应。如果你很严肃、生气地看宝宝，他就会感到害怕，感到不愉快。相反，你对宝宝微笑，他也能回馈给你一个可爱的笑容，还会手舞足蹈呢！总之一句话，就是爸爸妈妈的每一个表情和动作都能被宝宝领会，并且可能对宝宝的情绪产生影响，所以，广大父母朋友们，要多带给宝宝愉快的情绪哦！

这个阶段的宝宝，已经可以分辨出毛绒玩具的表情了！所以，可以通过展示不同表情的玩具来逗宝宝玩。

在这个阶段，宝宝主要用嘴来探知外界，所以妈妈们一定要高度警惕。如果发现玩具上的小零件或者纽扣之类的东西不见了，请一定要注意，说不定就是被宝宝吃掉了！所以，奉劝妈妈们不要给宝宝这种高风险的玩具，尽量给宝宝提供一些安全的、没有过小或者容易掉落的零件的玩具。

新生儿的原始反射消失了，感官有了新发育

　　这个阶段的宝宝不仅会继续练习已经学会的发音，还会在此基础上加以联想，发觉新的内容。当然，每个宝宝都是不一样的。有些宝宝很安静，不那么咿咿呀呀地说很多话或者只发出很少的几种声音。有些宝宝则相反，只要一睁开眼睛，就叽里呱啦讲个不停。这都是非常正常的。

　　宝宝6个月的时候进步是非常明显的。现在，宝宝终于能够准确地抓到东西了。新生儿期的原始反射也彻底消失了。你递给宝宝一个玩具，他就会立刻伸出一只小手抓住它。淘气的他还会时不时地用双臂撑起身体，探索周围的世界，他再也不会安于婴儿床里的小天地了。

　　这个时候，宝宝如果想要抓到某个玩具，它可以把身体的重心由双臂转移到单侧手臂而不会摔倒，然后，他会抬起另外一侧的手臂去抓玩具。这个动作是非常了不起的进步哦！还有一个非常大的进步就是，现在宝宝能够把玩具从一只手换到另一只手上了。这个简单的传递动作说明新生儿的抓握反射已经消失，而在此之前，虽然宝宝也可以抓握东西，但那是一种无意识的

反射动作，只能抓却不会放开，更别说用另外一只手抓了。这个阶段妈妈要特别小心，因为宝宝抓到什么东西都会先放到嘴里尝一尝，所以一定不要把危险的东西放在他的活动范围之内。比如那些有尖角的、有毒的，直径小于3厘米的东西。

这个阶段，宝宝的听力也越来越敏锐了。宝宝能用两个耳朵清晰地听到响声并能准确地确定声音的来源。做个测试吧，在宝宝毫不知情的情况下，把一张纸放在房间的角落里弄出响声，你会发现他立刻就能发现纸在哪里。

宝宝开始认生了

经过了6个月的生长发育，宝宝在社会行为方面的进步也是非常大的。从第6个月开始，宝宝就能区分熟人和陌生人了。宝宝看到自己熟悉的人时，会本能地微笑。如果是陌生人，或者是很长时间没有见过的人，他会非常严肃地审视一会儿，如果陌生人的表情让他感到不愉快，他就会放声大哭。但是，如果陌生人对他微笑或是表示友好的时候，他也会用迷人的笑容回馈的。

这个时候的宝宝主要通过很长的音节来练习发音，例如"哒－哒－哒－哒"，"咩－咩－咩－咩"。早上，父母们经常会被这种"不知所云的自言自语"唤醒。

宝宝每天的睡眠时间是随着月份的增加而逐渐减少的。从第4~6个月，宝宝平均要睡12~14个小时，其中2/3的时间是在晚上。当然，宝宝们的个体差异还是很大的。有些宝宝很容易困，一天要打很多次瞌睡，晚上会一觉睡到天亮。另外一些宝宝则相反，很活跃，睡得很

少。只要宝宝的情绪不错，能吃能喝，玩得也很开心，没有不舒服或是很虚弱的表现，妈妈们就没必要担心了。

睡觉时间的长短有标准可循吗？

很多育儿书上关于宝宝的睡眠都有一定的参考数据，但实际上，并没有什么严格的标准可循。妈妈们通过相互交流就可以发现，每一个宝宝的睡眠习惯和睡眠时间都是不一样的，有些宝宝的睡眠看上去是非常不够的，但是他们依然每天都很活泼。最终，宝宝们都会健康地长大，所以妈妈们没有必要在这个问题上特别纠结。

这个阶段最适合的游戏

下面我们要介绍的这些小游戏非常适合这个阶段的宝宝和妈妈一起互动，会让妈妈和宝宝都开怀大笑哦！妈妈可以通过引导和锻炼宝宝的运动技能来刺激宝宝社交能力和智力的发展，让宝宝在游戏中学习和成长。同时，妈妈应该给予宝宝更多的身体和皮肤接触，比如一如既往地给他深情的拥吻，抱他走走或是悠悠他，这些都是非常有

帮助的。这个时候的宝宝需要更多的感官刺激，他们喜欢听、看、品尝、闻以及触摸各种对他们来说新鲜的东西。他们小小的身体里蕴藏着巨大的学习和探索欲望！妈妈们要放心大胆地让这些欲望得到释放，这对宝宝的各项生理机能、心理机能以及智能的发育都是很有帮助的。

宝宝体操

跟前几个月一样，妈妈需要坚持给宝宝做体操。只不过，现在的宝宝更加结实了，妈妈们的动作幅度和强度可以有所增加。最基本的动作：

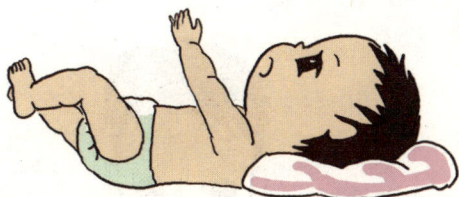

练习一：把宝宝的胳膊拉起来，交叉放在胸前，然后再放回身体的两侧，然后以同样的方法进行双腿的练习。练习二：让宝宝保持仰卧的状态，妈妈拉着宝宝的双臂，把宝宝上半身拉起来，让宝宝从仰卧变成坐立的姿势，随着宝宝月龄的增长，坐立的时间可以逐渐延长。

亲子互动练习：妈妈和宝宝一起趴在地板上，面对面。然后，妈妈们来模仿宝宝的动作：用双臂支撑上半身，抬头，然后上半身也随之抬起。或者保持俯卧姿势，伸开四肢，向上延伸。记住：做这些动作的时候，要把

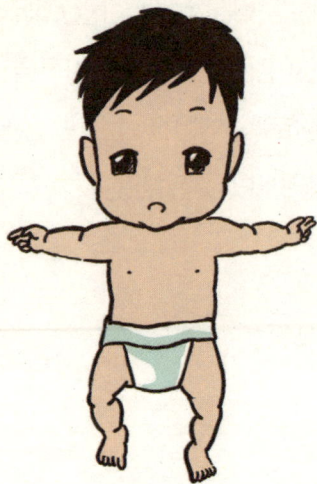

宝宝放在妈妈的对面，以便他能看得到你的脸，幸运的话，宝宝会跟着妈妈一起做哦！

如果妈妈们在做这套体操的间隙，经常给宝宝做个鬼脸，挑起眉毛，用手指顶起鼻子，伸出舌头，张大嘴巴，睁大眼睛，对宝宝微笑或者突然大笑，都能刺激宝宝，让宝宝觉得非常有趣，引起他们的关注，宝宝甚至会模仿妈妈做鬼脸哦！

每天进行有规律的体操练习有助于开发宝宝对运动的兴趣，从而促进他运动机能的发育。这对产后身体发福的新妈妈也是个不错的减肥运动哦！

手指游戏

妈妈可以把宝宝抱在怀里，然后用所有手指在他的身上爬，好像弹钢琴那样，一边爬妈妈可以一边朗诵儿歌或是哼个小曲儿给宝宝听，例如：小老鼠上灯台……手指从宝宝的小腿爬到了他的肚子或是膝盖上，现在又到哪了？哈哈，到了宝宝的小脖子，稍微加一点力度，或者给宝宝挠挠痒痒，都能得到宝宝很好的反馈哦！

这个阶段的游戏虽然非常简单，而且宝宝也没有什么记忆，长大了并不会记得具体的游戏内容，但是这绝不是说游戏是毫无用处的，妈妈的抚慰和关怀给宝宝带来的是情感上的影响，这些游戏对宝宝感官系统的刺激也会让宝宝学到很多新的东西。

我递你拿

抓握是宝宝现在最喜欢的练习。宝宝身边有很多玩具：各种各样的摇鼓，一个软软的小娃娃，一个毛绒小球。把它们依次递到他的手里，每次只拿一个。记住，玩具的体积不能太大，否则宝宝会握不住它。当宝宝稳稳抓住玩具，并且玩了一会儿之后，妈妈再亲切地把玩具从宝宝手里拿开，然后再递给他下一个玩具。

浇水

无论多大的宝宝，都喜欢在浴盆里玩水，所以浴盆里的游戏会给每一个年龄段的宝宝带来乐趣。宝宝4个月的时候，你可以在给宝宝洗澡时尝试下面这个游戏：用一只胳膊扶住宝宝，然后再用一个刷牙杯盛满水慢慢地浇到他的后背上以及他的肚子上。不断地重复这个动作。

手指触摸

伴随着一支歌曲或是一首诗歌，然后按照音乐或者诗歌的韵律，用你的指尖轻轻拍打宝宝的手心。下一段旋律里再用你的整只手抚摸宝宝的小手，最后采取"螺旋式上升"的方法进行全方位抚触。

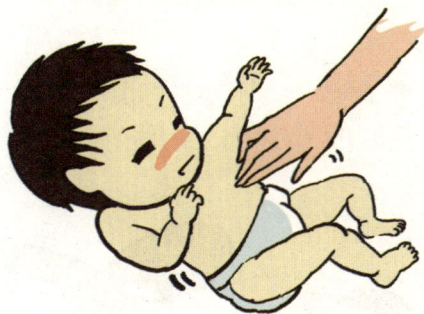

敲击的乐趣

6个月以前，宝宝就能够发现自己制造声响的乐趣。虽然这些声响在我们大人听来是恼人的噪声，但是宝宝们可不这么想。把宝宝抱在腿上，坐在桌子旁，让他能够敲打到桌上摆放的匙、筷子或者其他与鼓槌类似的东西。让宝宝敲打不同质地的东西，因为表面质地不同就会产生不一样的声音。例如咖啡杯、塑料杯、木质桌面。这样，宝宝就会逐渐了解清晰的、模糊的、响亮的、轻柔的、低沉的以及高亢的等各种不同的声音，经过一段时间的锻炼，他

就可以清晰、精准地分辨出这些声音了。

让宝宝感受微风

让宝宝对微风有所领悟的最好时机是换尿布的时候：给宝宝换上新的尿布之前，让他的腿、屁屁、肚子，甚至宝宝的脸轻轻地掠过淡淡的风。风的来源可以是一块手帕或者一张薄纸。扇动的时候千万不要太剧烈，微风就可以了。妈妈也可以用嘴轻轻地对宝宝吹气。微风拂过宝宝的皮肤，对感官系统的刺激所引发的一系列连锁反应是妈妈们看不到但确实很有用的！

炫目的光影游戏

把黑色的卡片纸剪成星星或是月亮的形状，贴在手电筒的前面，找一个较暗的房间，给宝宝展示手电筒照

出的形状光影。当然，动作不要太快，否则宝宝的眼睛会跟不上。此外，手影也是一种不错的选择，用手摆出各种可爱的动物造型，在墙上照出动物形象的影子，配以妈妈们的生动解说，宝宝也会非常感兴趣的。

飞

让宝宝趴在妈妈的一只胳膊上，再用另外一只胳膊保持平衡。先带他慢慢地转圈圈，然后越来越快。然后，突然停住，并紧紧地把他搂住。也可以让宝宝躺在妈妈的胳膊上。但相信我，大部分的宝宝还是喜欢趴着的感觉。

拍手

这个阶段的宝宝对自己的手是非常感兴趣的。只要稍微引导他一下，他就能自己玩得很高兴。妈妈可以拿起宝宝的两只手，然后轻

轻地让他拍手。为了让宝宝看清楚整个动作，妈妈先自己拍拍手，立刻再拿起宝宝的手，让他继续拍。拍手的时候妈妈还可以给宝宝唱支歌或者朗诵童谣，例如：小小蛋糕师（让宝宝拍手），要把蛋糕做（妈妈自己拍手）。试问蛋糕如何做？主料辅料要先知（再让宝宝拍手），牛奶鸡蛋面粉油，还有乳酪黄油汁（最后妈妈自己再拍手）。

听声辨物的游戏

把一块积木块，一个球或是其他一些硬的物体放在一个盒子里，然后晃晃盒子。然后把盖子打开，让宝宝看到里面的物体，宝宝就会过去抓里面的东西。

还可以做这样的游戏：在桌子的下面弄出声响，例如拿一串钥匙在下面，轻轻晃动，发出哗啦哗啦的响声，引起宝宝的注意，然后再把它拿上来，放在桌子上，让宝宝看到它，宝宝就会知道刚才的声音是什么东西发出来的了。

小小巡查员

妈妈可以经常抱着宝宝在各个房间里进行巡视，看看他的婴儿房、厨房、浴室或者客厅。在巡视的过程中，妈妈要顺便让宝宝认识家中的各个物品，告诉他这些物品都叫什么名字。每天都可以同宝宝一块观察新的东西，然后边走边给宝宝做讲解，以增加宝宝的感官认识。

挠痒痒的乐趣

给宝宝挠痒痒一定会让他感到特别有趣。脚心、脖子、腋下、胸脯上或者肚子都是挠痒痒的最佳选择。同时唱唱歌，说说歌谣会使整个过程更有趣：听见有人走上楼了（伴随着每一个音节用手指轻拍宝宝，从脚一直到脖子），当当当，是谁呀？（多在他的胸脯上敲几下）

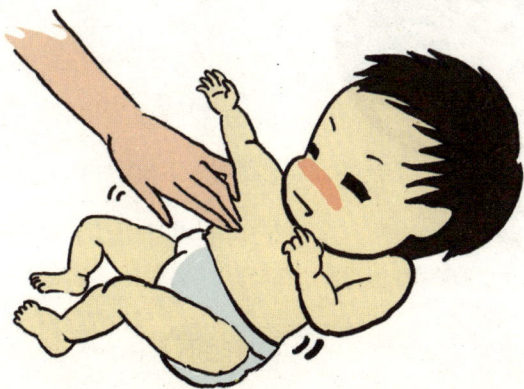

原来爸爸回来了（这时突然迅速地转向脖子挠痒痒）。挠痒痒的顺序还可以是从肚子转向脚，或者从脚到耳朵。当然你还可以说一些别的歌谣，或者自己编一些生活片段。

飞机降落了

把宝宝放在胳膊上，向前弯下身子，让他有一种降落的感觉。然后再快速地从下面飞上来，转个圈。你会发现绝大多数的宝宝是不愿意停止这个游戏的，因为他们实在是太兴奋了！

还可以这么做：把宝宝放在胳膊中间，妈妈边下蹲边转圈，然后再把他抬起来并把他搂在怀里。也可以产生同样的效果。

藏猫猫

藏猫猫的游戏对五六个月的宝宝还是相当有吸引力的。当然，并不是让妈妈完全藏起来。妈妈可以拿一块手帕挡在脸前，再把它拿开。你会发现宝宝惊奇的表情多么有趣，而且宝宝还会发出咯咯的笑声。这个游戏没有次数的限制，只要宝宝依然感兴趣，就可以多玩几次。在玩的过程中，妈妈要面带笑容，并时不时地逗逗宝宝。

妈妈还可以跟宝宝玩藏东西的游戏。例如把一个摇铃放在窗帘的后面，让宝宝猜摇铃哪去了，然后再把它拿到宝宝的前面，宝宝一定会感到很兴奋的。过段时间他就会模仿这个游戏。他会逐渐了解到，虽然那个东西看不见了，但一定还在那里。这个进步可不小哦！

经过几个月的生长和发育，宝宝已经可以很好地控制头部了。现在宝宝已经能够轻松地从仰卧变成俯卧，然后再翻回来。辨人能力也有了很大的提高，能认出熟人，而且能把他们从陌生人中分辨出来。这些能力对于宝宝下半年的成长是非常重要的前提条件。因为每一步都是在前一步的基础上建立的，所有宝宝的发育都是遵循同样的基本准则。总是要先会了一样，再去学下一样。个体的差异主要体现在速度上。每一个宝宝都是这个世界上不可复制的，特殊的，有着自己个性的小人儿（单卵的双胞胎除外）。每个宝宝都会有自己的强项和弱项，有的东西学得很快，有的会慢一些。这都是正常的。但是，每个宝宝都希望从父母那里得到充满爱的鼓励和激励，自由的空间以便自由地发展。这是爸爸妈妈们应该谨记在心的。

第3章

7～9个月

宝宝现在都学会了什么

　　7个月时，宝宝发现他的小脚可以当做玩具来玩。他会用自己的小手去够自己的脚，甚至还能把它放进嘴里啃。如果你的宝宝经常做这个动作，妈妈们应该感到高兴，因为这说明他可以很好地屈臀。而屈臀恰恰是将来走路时重要的前提条件。除此以外，他也能把从俯卧翻到仰卧，又从仰卧翻到俯卧这个动作做得更加完美了。让宝宝站在妈妈腿上或垫子上的时候，他会通过"弹跳"的方式练习腿部，蹲下又很快地向上蹬起，并且没完没了地重复这个动作。现在，宝宝抓到一个玩具，他会怎么做呢？跟前几周一样，他并不会立刻把玩具扔开，他会用手指翻转它，仔细地观察，然后把它从一只手转向另一只手，如果玩具掉了，他还会再把它捡起来呢。

　　宝宝智力的发展还体现在他能进一步抓到自己想要的东西了。比如，他把一个玩具掉到地上了，他并不会就此放弃，而是会极力寻找，低下头，向那个方向弯下身，直到再次发现掉了的东西，并且想

尽办法够到它。

藏猫猫游戏中的角色，现在也该转换一下了。在几周以前，宝宝就很高兴玩这个游戏了，当妈妈躲在一块手帕的后面再出现在宝宝面前，他就会非常兴奋。现在，最让他感兴趣的是他自己主动藏在手帕的后面，然后让妈妈来找他。虽然宝宝举起胳膊，把手帕放在脸上，然后拉开，这一系列动作比较笨拙，但是妈妈们不要帮助他，让宝宝自己完成，这才是他的乐趣所在。

有一个最大的行为模式变化会在这个阶段出现，那就是宝宝开始自己决定游戏时间以及游戏对象了。换句话说，宝宝自己决定在什么时间同妈妈或者跟爸爸或者别的亲属一起玩，以及玩多久。主动权现在是在宝宝的手中了。

经过了几个月的练习和学习，宝宝的发音已经不再是单纯的"啊啊啊"，"咩咩咩"或者"嗒嗒嗒"了。现在宝宝的"语言"丰富多彩，时而声大，时而声小；一会高声"唱歌"，一会又低声"朗诵"。

仰卧还是俯卧，宝宝自己说了算

8个月的宝宝更加灵活，而且他也更乐于展示自己的灵活性。

"三翻，六坐，九会爬"，8个月的宝宝已经很不安分了，他会努力地向前爬，但还不能完成标准的爬行，最多可以算作是"匍匐前进"。他现在可以轻松地做到以自己为轴往各个方向翻身，以此达到挪动身体、改变自己位置的目的。如果妈妈伸出手或者手指，宝宝就会抓住，并且使劲让自己坐起来。宝宝现在的平衡性已经有了充足的

发展，如果他向一边翻倒，或是被别人推倒，他就会本能地伸出胳膊，支撑住自己的身体。

注意力以及专注力的发育

在游戏当中，宝宝的小手已经变得越来越灵活。他会经常尝试着用指尖够到或者抓着玩具，而不再是像从前那样要用到整只手才能抓住玩具。现在他能做到用手指翻转玩具，观察它，把它从一只手换向另一只手，把它放进嘴里，再拿出来看看，然后再放进嘴里。

宝宝的注意力以及专注力也在随之增长。他对周围的一切细节都很感兴趣，摆动的窗帘也会引起他的注意，现在他迷上了观察，观看妈妈打扫房间或者"研究"自己的小床都是他的"游戏"。能够待在妈妈身边，看着妈妈做事情，就会让他感到无比高兴。无论妈妈是在刷碗，做饭，写信，织毛衣，擦地还是其他的家务事儿，宝宝都会一直专心地、充满兴趣地，甚至是着迷地观看。这个月份的宝宝还有一个重要的发展，那就是喜欢照镜子了。当然，宝宝并不知道镜子里面的小家伙就是自己，宝宝会仔细观察镜子里的小朋友，然后好奇地去摸摸他，对他友好地笑。此外，宝宝还喜欢听自己的声音，如果

妈妈学着小宝宝的声音发出咿咿呀呀的声音，他会非常感兴趣并且仔细地倾听哦！

宝宝都是通过模仿来学习的，所以扮鬼脸的游戏不仅仅是有趣而已，宝宝通过学习扮鬼脸，可以锻炼他脸部表情肌肉的发育。

认生反应变得更大了

这个阶段的宝宝对陌生人的恐惧与前几个月相比更加明显。有人把这种现象叫做"八月恐惧"。但这不是说一定出现在8个月的宝宝身上，有的宝宝体现得较早，而有的比较晚一些。这个阶段对绝大多数父母来说都是一个挑战，因为宝宝害怕每一个陌生的脸孔，可能一看到生人就哇哇大哭，然后扑进妈妈的怀里。他绝对不会让陌生人抱，有的宝宝甚至连握手这样的动作也不能忍受。哪怕是平时最具亲和力的育婴嫂都会被这个阶段的宝宝残忍地拒绝。这个阶段对于父母而言是很遭罪的，但对宝宝的成长却是十分重要的。因为这种现象表

明，宝宝已经可以清晰地区分出熟悉的人和陌生人，他已经学习到并且深深地感到要跟自己的亲人紧紧地联系在一起，亲情就这样产生了。

在宝宝9个月之前，妈妈应该好好把屋子检查一遍，要确保屋子里的一切对于宝宝是绝对安全的，至少地板上不要散放着危险的东西。因为，这个月份的宝宝已经能够像海豹一样匍匐前进，并且还会发展成真正的爬行了。也就是说，他们的活动范围扩大了很多。而且，宝宝现在也能很好地坐着了，不仅姿势标准，而且坚持的时间也很长。有些宝宝已经能够扶着茶几或者沙发的边缘站立一会儿了。一旦宝宝发现了站立的乐趣，他们就会尝试自己走路，扶着床边、茶几之类的东西甚至能走上好几步呢。刚开始的时候，还是很难的。宝宝常常是做了一半的动作，胳膊就没有足够的力量了，于是，他不得不一屁股坐在地上。如果没有保持好平衡，还有可能摔倒哦！但是，这点困难是不会让宝宝们停止尝试的。他们不屈不挠地每天练习，到第9个月末的时候，很多宝宝就能很轻松地扶着东西站起来了。

现在，宝宝不再满足于把玩具握在手里玩了，他们会故意把玩具扔出去，然后再等待妈妈们给他们捡回来。虽然妈妈因此增加了工作量，但是这对宝宝来说是非常有趣的游戏，而且也是宝宝成长当中成功的一步。

通过有趣的游戏促进感知

所有轻柔的声音对宝宝来说都是悦耳的。一个能发出滴答声的钟表，一个能传出喇叭声音的电话机，都能吸引宝宝。慢慢学会如何

区分外界事物，这就是感官意识的发育过程。宝宝能准确地察觉并区分从房间的四周，前、后、上、下传来的各种声音。

沙~

宝宝越来越喜欢互动游戏了，而且他们也需要更多的空间。宝宝脸上的表情也越来越丰富了。这个时候的躲猫猫游戏已经不仅仅局限在脸上了，宝宝开始"寻找"躲在家具后面的妈妈，或者他会自己"藏"在沙发上、床的角落里，或者柜子的后面，让妈妈来找他。

语言的发育以及睡眠状况

现在，宝宝已经从那个只用音节链发音的阶段发展到吐字清晰的双音节了："大—大"，"爸—爸"，"妈—妈"等。距离宝宝讲出第一个有实际意义的词不远了。

现在，宝宝睡觉的需求明显减少了。平均每天睡眠时间为12~13个小时，而且绝大多数的时间都是在晚上度过的。当然，每个宝宝的具体睡眠时间都是不一样的，有多有少，只要宝宝醒着的时候状态良好，就没什么大问题。

如果宝宝晚上醒来哭闹，需要妈妈给他们一些安慰。如果宝宝在晚上经常哭闹，妈妈们的睡眠可能也会受到比较大的影响，弥补的办法就是白天宝宝睡觉的时候，妈妈也跟着躺一会儿。

宝宝在6~9个月已经能自己坐起来，并且保持至少一分钟的时间了。他会用各种各样的技巧抓到不同的物体，之后还会没完没了地跟妈妈玩"扔出去，妈妈捡起来"的游戏。

宝宝现在需要什么

宝宝每天都需要新的刺激，以便进一步发展他的感官能力。他需要在房间里自由活动，去探索和发现周边的有趣事物。所以，他需要很大的自由活动空间。如果让宝宝一整天都待在床上或是幼儿护栏

里，那对宝宝的发育是不利的。因为这样既不能开阔他的视野，也不能给他锻炼和学习走路的机会，对肢体的发育也是一种限制。

宝宝还需要什么呢？一方面是提供游戏和空间，另一方面就是不要限制他的意愿。也就是说，当宝宝沉迷于某种活动中时，或者他只是安静地观察什么东西的时候，不要去打扰他。因为，经常打断宝宝或者限制他的自由意志，可能对宝宝的专注力造成破坏性的后果，导致他长大以后无法集中精神做事情。

这个阶段 最适合的游戏

下面这些游戏可以锻炼和增强宝宝已具备的本领，可以平衡感官，锻炼手部灵活性，锻炼听力等。妈妈们可以用下面的游戏来检验宝宝的发育状况，但不要太苛求了。

扔玩具

拿出几样玩具，然后依次把它们放到床上，递给宝宝。或者直接向宝宝的方向扔过去。宝宝伸手抓住它们，再把它们向外扔出去。然后，妈妈们再把玩具捡起来，还给宝宝，让他再扔。注意，选择的玩具应该是柔软且轻便的，否则容易砸到宝宝哦！

破坏之王

虽然妈妈们给宝宝买积
市的初衷是希望宝宝迷上用
积市堆积出各种造型，但是
这个阶段的宝宝却对相反的
动作更感兴趣：妈妈用积市
建一个小市屋，宝宝会非常
兴奋地把它推倒。他们对这
种破坏行为非常在行！

没有积市？也没关系，
用家里招待客人的纸杯搭
建一个"建筑物"，然后让
宝宝来推倒它，也可以达到
同样的效果。只要宝宝没有
厌倦，妈妈就应该跟他多玩
几次，直到宝宝不爱玩了为
止。

玩球

宝宝的第一个玩具应该是球。他会让自己抓它，握住，扔掉
它，还可以跟它共同做一些美妙的游戏。

妈妈可以站在距离宝宝不远处，然后把球轻轻地滚向宝宝，然后再让宝宝把它滚回来。或者用一块木板做成一个倾斜的表面，然后让宝宝把球从上面滚下来。让宝宝待在婴儿床里，妈妈可以在床外，通过床的栅栏把球扔进去，你会发现，宝宝会抓住球，并且把它向妈妈扔回来。总之，球是宝宝最喜欢的玩具之一，妈妈可以跟宝宝玩各种各样有关球的游戏，创意无限。

玩水

如我们前两章里一直说过的那样，洗澡时永远是做游戏的好时机，宝宝非常喜欢水，所以妈妈在给宝宝洗澡的时候可以开发出很多有意思的小游戏。对于这个月份的宝宝，妈妈可以尝试向水面用力吹气，水面会被吹出一些泡泡，宝宝们会非常兴奋，也许他会尝试模仿妈妈吹气的动作哦！还有一个所有宝宝都喜欢的游戏：给宝宝准备一个塑料小杯子，用这个杯子舀水，再把水倾倒出来。就这样，舀水，浇水，舀水，浇水……每个宝宝都会爱上这个游戏的！

拔河

如果你的宝宝可以坐得很稳了，你就可以跟他玩拔河的游戏了。拿出一条绳子，一条带子或者一个手帕，把一端放在宝宝的手里。确认宝宝握住以后，轻柔地拉另一端，让宝宝向前倾斜。然后，妈妈松开一些，让宝宝恢复原来的坐姿。如此反复。经过一段时间的练习，宝宝就会体会到牵拉的乐趣。为了让宝宝玩得尽兴，妈妈可以根据情况加大力度，比如，拔河的时候把宝宝一直拉到完全翻倒在地，不过要注意安全哦！

手偶

这个阶段的宝宝依然对手和手指有着很浓的兴趣，但是目标已经不再是自己的小手了。他还愿意拿起妈妈和爸爸的手，仔细地观察，摆弄它。如果妈妈亲手给宝宝制作一个手偶，小家伙会非常喜欢的：

相信大家家里都有做家务时用的橡胶手套。拿一个新的橡胶手套，在上面画出一张脸。然后拉扯这个手套，做动作（这张脸随即变得栩栩如生起来），如果此时再讲述一个故事配合动作，那就更加生动了！

你还可以在每个指尖处画出各种表情，这样就可以假装让很多人在一块聊天，讲述有多个角色出现的故事了。

亲吻

在这个月龄，温情游戏还是深受宝宝们欢迎的。因为妈妈和宝宝的身体接触，能让宝宝感到爱和安全，而这两者是宝宝成长过程中最需要的。

有个关于亲吻的小游戏：把宝宝放在沙发上。如果他还不能够独立坐着，你可以用枕头或者沙发靠垫支撑住他的背部或是侧面，以免他翻倒。然后，妈妈跪在地板上，让你的脸距离宝宝的脸非常近。拉起他的手，轻柔地把宝宝拉近到自己身边。让宝宝的脸和妈妈的脸接近一些，然后在宝宝的鼻子上或者额头上深情一吻。

巧手做出丰富多彩的表情世界

手偶娃娃会让宝宝感受到更多的乐趣。如果妈妈亲手制作，可以带来更多的乐趣。制作手偶的材料有很多选择，比如手套、浴巾或者一个刚好能套住手的纸袋，橡胶手套，再或者网球等圆形的表面都可以用来做手偶的脸，妈妈可以画上各种不同的表情，甚至还可以用毛线之类的东西做一些头发，让娃娃更加生动一些，宝宝一定会非常喜欢的。

倾倒的乐趣

一个装着积木的小桶，一个装着小玩具的盒子，一个装着小摇鼓、小娃娃或者塑料小动物的针织袋子，都是非常好的玩具。宝宝会很有探索精神地把里面的东西全部倒出来。他不仅喜欢这些小物件倒出来的感觉，而且喜欢倒出来的响声，他弄得声音越吵，效果就越好。不过，不要在里面放太多的东西，也不要放很重的、棱角尖的东西，因为宝宝可能会把它们下雨似地倾倒在自己的头上或脸上，弄不好有可能受伤的。

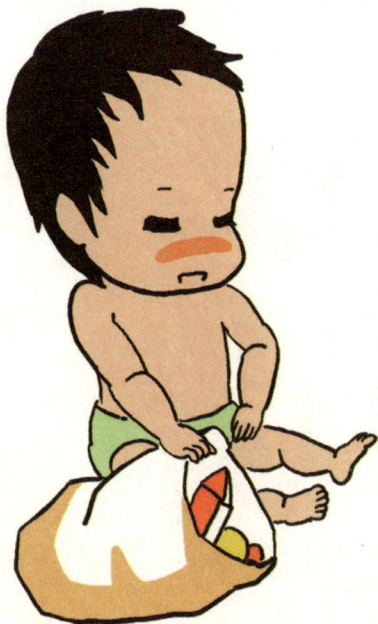

宝宝不仅对倾倒感兴趣，如果妈妈给他展示如何把物品重新收拾起来，他们也会喜欢的，甚至可能会模仿妈妈收拾东西的动作。

模仿小狗或小猫

宝宝学习爬行或者已经会爬的时候，妈妈也可以四脚着地，扮成一只小狗，朝他汪汪叫。也可以装成一只猫，发出"呼噜呼噜"的声音，然后冲着宝宝喵喵叫，用脑袋轻轻"摩擦"宝宝的肩膀。刚开始，宝宝只是静静地观察妈妈的动作和声音，很快他就会试着模仿，扮演起狗和猫，自己汪汪叫以及发出呼噜声，喵喵叫。有一点需要注意的是，妈妈的叫声不要太大，以免吓着宝宝。

当然，妈妈还可以用"牛与羊"的游戏代替"狗和猫"，只要你的想象力够丰富，模仿哪种动物都是可以的。

纸也会唱歌

不同质地的纸张所发出的声音都是不同的，妈妈可以选择各种各样的纸，报纸、光面纸或是包装纸都可以。把这些纸分别弄皱，揉搓出各种各样的声音。第一次在宝宝能看到的地方展示，然后放在他的背后，或者房间的角落里，以引导宝宝去寻找声源。这个游戏不仅充满乐趣，还可以训练宝宝的听力、专注力以及洞察力。

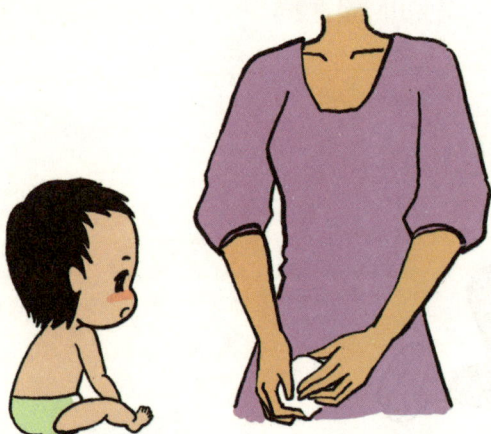

有些宝宝会对纸团本身感兴趣，妈妈也可以把揉搓过的纸团给他，但是，要确认是没有涂过色的、未打印过的纸，因为这个阶段的宝宝很有可能会把这个纸团放进嘴里。而五颜六色的颜料可能会含有有毒的物质。

各种各样的声音都能吸引宝宝的高度注意。除了纸，妈妈们也可以通过其他的物品来制造声音。例如利用空的果酱瓶（不要太大的）或是酸奶杯，在里面装上各种各样

的东西：豆子、小石头、沙子、市块等。需要注意的是：容器一定都要封住，以免宝宝误吞里面的东西。

捉迷藏——魅力永恒的游戏

所有能藏起来的，都可以作为捉迷藏游戏中被寻找的对象。妈妈、宝宝自己、玩具、娃娃、厨房用具、枕头、婴儿衣物等，取之不尽。

首先，妈妈藏到窗帘或者柜子的后面。在藏起来之前，先要吸引宝宝的注意，让宝宝看到你藏的动作。然后，宝宝会很兴奋地开始寻找妈妈。找到之后，妈妈要给宝宝一定的奖励，比如夸夸他。然后，转变角色，让宝宝藏起来，由妈妈再找宝宝。

妈妈可以跟宝宝玩藏玩具的游戏，把玩具藏在身后，藏的时候让宝宝看到手的动作，然后问他："娃娃哪去了？汽车呢？"等。他会伸出小胳膊，尝试着到妈妈身后去寻找。宝宝一找到玩具，妈妈应该立刻把玩具给宝宝，作为奖励和鼓励。

荡秋千

每个运动都会刺激到站立、行走以及特别重要的平衡感官（位于耳朵里面）。宝宝非常喜欢有关平衡的游戏，最最喜欢的就是荡秋千。

双手放在宝宝的腋下，抱起他。然后，妈妈分开双腿，让他在下面或者在妈妈的肚子前面来回地荡秋千。

这个游戏如果由父母两个人一起做，会更加有趣：每个人扶着宝宝一边的腋下（不要握他的手，因为那些小关节目前还承受不了这种拉力），然后让宝宝在爸爸妈妈的中间荡秋千。

手指诗

做这个游戏，最好是让宝宝坐在妈妈的怀里。拿出他的小手，然后数他的手指，同时可以朗诵下面的小童谣：

这是大拇指。

它（食指）摇晃着李子树。

它（中指）捡起了大李子。

它（无名指）带它们回到家。

而这个小淘气（小指）

一个人吃光了。

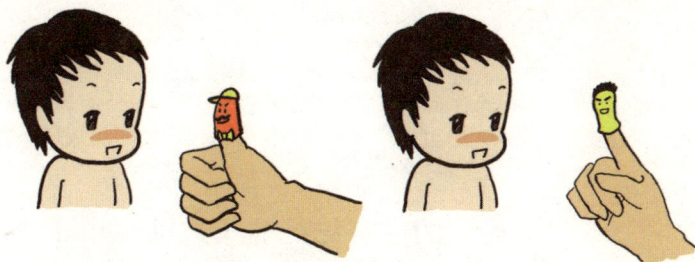

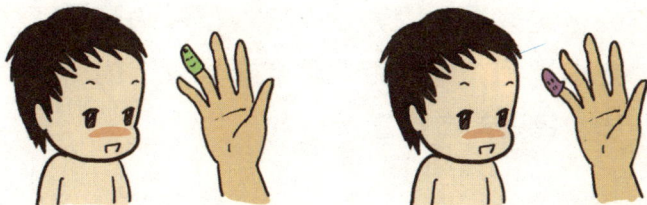

每做到一只手指，妈妈要轻轻摇一摇手指。也可以在宝宝的面前用自己的手数这个韵律诗。

妈妈也可以自己编小诗歌，不一定非要押韵，但是要有一定的节奏感，因为宝宝对节奏是很敏感的。如果把自己或是家庭成员都编进这个手指故事中，那将会给宝宝带来意外的惊喜。

手指诗还会带来更多的乐趣，在每个手指头上放置一个小玩偶，搭配着歌谣，小玩偶相互聊着，摆动着，那对宝宝的吸引力会更大一些。

这个月份的宝宝已经非常灵活，也更机灵了。行动能力的显著提高，让宝宝们对周围事物的好奇欲得到了更大程度上的满足。他会想尽办法去做他想做的事儿，去拿他想要的东西。对于父母来说，这个阶段更加令人紧张了。因为在宝宝好奇心的面前，没有什么是安全的。也就是说，你必须要不断地留心他的一举一动。然而，这又是一段美妙而令人喜悦的阶段，在这期间，妈妈每天都能看到宝宝的新进步，每天都有惊喜。

第 4 章

10～12个月

宝宝现在都学会了什么

10个月的宝宝可以说是爬得飞快。他会很勤奋地从一个爬行动物的状态练起，四肢都能参与到运动中来。宝宝能够从坐姿转变成站姿，更神奇的是他们可以自己坐下来了。宝宝手臂和双腿的肌肉已经发育得很好了，可以支撑自己身体的大部分重量了。

这个阶段的宝宝可以随意改变自己的姿势，前一分钟还在爬行的他，下一分钟可能就扶着桌子或椅子站起来了。这个时期的宝宝能够用脚掌实现真正的站立了，并且能够保持几分钟，不再像以前用脚尖站着了。

手的协调能力增强

宝宝的手现在是越来越灵活了。可以让他用伸开的拇指和食指像镊子一样夹起一些小的碎屑、细线或者其他微小的物件。这是促进手指协调性的一个比较重要的步骤，也是实现所有精密运动的又一个基本前提条件。

现在，宝宝不仅仅是拿着玩具，观察，再扔出去了。手部力量和协调性的发育，使得这个阶段的宝宝可以拿东西进行相互敲击、摇晃或者有所针对性地把东西以弧线形式扔过去。在这个游戏的过程中，最好能有一个参与者，不断地返还给他扔出去的玩具。

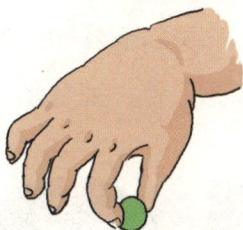

精致的感官以及语言理解能力

在这期间，感官变得如此精致，宝宝已对一些小的细节产生了兴趣，例如娃娃的眼睛（当然也包括人的眼睛），插座的洞（现在，妈妈们无论如何都要装上安全设备了），家具上的螺丝帽等。这个时期的宝宝，手已经非常灵活，他会尝试去抓到这些小细节的东西。通过对别人的观察，宝宝可以很准确地模仿出一些行为了。如果他的模仿行为受到鼓励，那么他就会感到非常高兴，并且会不断重复收到鼓励或者表扬的那件事，以便再次获得妈妈的表扬。

妈妈可以充分利用这种模仿和重复的特点，比如，让宝宝安静下来几分钟，跟宝宝做一次正规的交流。具体点儿说，妈妈可以发出几个他已经学会的音节，然后他会有意识地重复这个发音。如果你发出一些新的音节，宝宝模仿成功，那么你一定要给他奖励哦！

除此以外，宝宝对语言的理解能力也有了很大的提高，以前你对宝宝说的一些话，他已经能够理解，并且可以给妈妈正确的反馈了。比如，你问宝宝："灯在哪里？"小家伙就会朝着有灯的方向看过去，也可能举起胳膊指过去。这个表现是语言理解能力和记忆力提高的双重佐证。

11个月的宝宝已经可以爬行得非常好了：左胳膊和右腿在前，右胳膊和左腿在后。这自然表明，宝宝可以自由到达房间里的每一处角落了。一些宝宝已完全能够四肢飞快地爬行了。

这个月份的宝宝可以坐很长时间而不会失去平衡。甚至当他坐着慢慢抬起小腿的时候，也不会立刻翻倒，他能够很好地平衡自己的身体了。

关于走路，这个月份的宝宝一般可以做到扶着墙或者家具的边缘走上很长的一段距离了。还有一些宝宝，甚至可以自己独立走上好几步。根据宝宝体重和自身发育的不同，每个宝宝都是有差异的，妈妈们没有必要在这个问题上特别纠结。

从这个年龄开始，宝宝可能会对插座很感兴趣，所以妈妈们必须做好相应的安全防护措施。

我建议妈妈无论如何也要抽出一些时间，自己列一张清单，看看家里面的哪些东西可能对宝宝造成危害。最好能够趴下来，到宝宝那样的高度，然后在家里爬一圈，这样你就能发现很多宝宝可能感兴趣的危险品。

宝宝目前的伟大目标就是最终能像大人那样走路。

格外有趣的一个练习就是：妈妈让宝宝站起来，拉住宝宝的双手，稍微牵引他一下，他就可以往前走。虽然这个"走"还不能像真正意义上的行走那样优美、稳定，而且也比较慢，但你会发现宝宝非常喜欢尝试，而且一直会不放弃地向前移动。

过去宝宝只能用拇指和食指像"镊子"那样夹东西，现在却可以用"握钳子"的方式，也就是拇指或者至少一根手指弯屈着抓握东

西。他的手变得越来越灵活，这个小鬼可以更好地捡起以及更牢固地握紧东西了。

　　这个时期的宝宝记忆力发展得也不错，他能把藏起来的东西再找出来。当然，如果藏的过程他没有看到，他当然是找不到的。但是，如果你在他眼前用一个盆扣住一个玩具，他就会把盆翻过来，然后把玩具从里面掏出来。藏东西和找东西的过程会让他感到非常愉快的。

桌子与桌布：识别简单的关联性

　　宝宝11个月时，妈妈可以让他学习领会比较简单的联系。例如，找一条绳子，栓上一个宝宝喜欢的玩具，然后先用绳子引起宝宝的注意，然后再将绳子拉起来，让玩具在宝宝的眼前晃动。这个游戏可以让宝宝理解绳子和玩具是怎么联系在一起的。还有一个小游戏，妈妈在桌布上放点东西，然后把桌布拉下来，这样桌布上的东西就会掉落在地上，这就能让宝宝理解桌布和桌布上面的东西之间的联系。但是，千万不要在桌子上放一些危险的东西！

管束的方法要得当

现在，宝宝可以用手抓着吃一些面包片、饼干之类的小零食了，他还喜欢用杯子来喝水。妈妈可以给宝宝准备一个塑料的小杯子，只要稍稍给一点儿小支撑，宝宝就能够紧紧抓住杯子喝水了，要是稍微洒出一点儿，是正常的，毕竟宝宝还很小，妈妈也不要大惊小怪的，更没有必要因为担心宝宝弄湿衣服而制止宝宝这种尝试。

很多宝宝现在就开始用一些"词语"来表达事物和形态了。例如"啊啊"就是吃饭的意思，"嘀嘀"就代表小汽车，或者"嗷嗷"表示什么动物。

几乎所有的宝宝，现在都能够理解妈妈说"不"的意思。当然，对于这么大的宝宝来说，要想让他们彻底地记住这个词的含义，仅仅说一次"不"是不够的，因为他很快就会忘记，所以，无论是任何指令，要多次重复使用，宝宝才能记住。

12个月的宝宝可能会迈出人生真正意义上的第一步。虽然，他可能摇摇晃晃地叉着双腿，很快就失去平衡，但是，他确实能独立地练习走路了。这个月份的宝宝不会像以前那样，主要依靠爬行移动了，只有在很着急的时候或者想玩的时候才会进行爬行。除此之外，他们大部分的时间是自由行走或者是借助一些外力来练习走路。有些宝宝在1周岁左右的时候就已经能够独立走出最初的几步了，但大多数（大概60%）的宝宝还会晚两到三个月，到14个月左右才能够走得像点儿样子。

周岁宝宝对待玩具的态度更为主动，他们可以按照自己的想法来玩玩具，而且动作也比以前精细了。比如，他能够把玩具准确地放到妈妈的手心里，或者把它准确地放到瓶子里。如果你给他一根筷子，有的宝宝甚至可以把筷子插到非常细的瓶颈中。

此外，宝宝还学到了大量的内容：他会有所针对地去抓握东西，并且能够有意识地放开。手眼更加"协调一致"，并且能够识别空间的相互联系。

这个阶段，语言开始向清晰的方向发展。前几个月他虽然会喋喋不休地说话，但谁也听不清楚他的发音。现在，他们的发音不再是毫无意义，一般都是有着具体的意思和指向。他会试着说出一个词，说出事物的名称。很快，你会发现，他已不再称呼所有的动物为"嗷嗷"。看到小鸭，他会叫"嘎嘎"；看到牛，他会叫"哞哞"。

周岁的宝宝已经能够理解一些简单的句子和指令了，例如"过来！"或者"拿来！"当然，他不会每次都听话，有时他会被更感兴趣的事情吸引过去，而忘记了你原本要让他做的事情。

这个阶段最适合的游戏

　　所有跟运动有关的游戏都是深受宝宝们欢迎的。与此同时，还可以锻炼宝宝新的能力。还有手指游戏，有节奏的韵律诗，或者歌谣都是宝宝在这个月龄所喜爱的。这些游戏可以促进宝宝在感情、智力以及语言方面的发展。妈妈可以给宝宝一些建议和引导，但是绝对不要强制、强迫他。游戏会给妈妈和宝宝带来特别的欢乐，而最大的收获就是游戏之后宝宝的明显进步了。

耐心——开启宝宝心灵大门的密码

　　作为父母，陪宝宝玩游戏最最需要的也许并不是创意或者玩具，最重要的东西是耐心！也许一句话你重复了很多次，要求宝宝到这里来，但这个小家伙可能仍然像什么也没听见一样，自己玩自己的。当宝宝不听从你的指令时，其实他并不是有意想惹你生气，他只是被更有意思的东西吸引而忘记了妈妈刚才说的话，只是纯粹的忘记而已。在听到你的指令之后，作出反应之前，宝宝也许是被一个什么声音或是其他什么东西分散了注意力而已。

音乐游戏

鼓：拿来一个空桶，把它翻过来，再给宝宝一个可以用来敲打的物件，你就可以教宝宝敲鼓了。如果你有时间又喜欢创新，还可以在桶上粘贴一些彩色的、自己设计的图案，不过一定要粘得非常牢固才行。用来做鼓的器具选择是很多的，比如宝宝装奶粉的奶粉罐，厨房里的小锅，以及其他空的容器。如果妈妈能够提供各种不同音质的"鼓"，那就更好了。

在桶里放些东西（一块积木或者其他的玩具），敲出来的声音就会变得不一样了，所以，妈妈也可以通过改变桶内的空间比例来达到音质变化的目的。

活动的乐器：找一个晾衣架，然后在不同的部位挂上各种各样的物件，比如各种易拉罐，然后把它放置在宝宝能够敲打到的地方。当宝宝用一些硬质的东西来敲打这些小罐

子的时候，就发出非常美妙的"旋律"，宝宝自己就能创造出最与众不同的声响。想要改变罐子发出的声音，只需要在里面放点小物件或者在外面贴点什么东西就可以了。

如果你嫌这个乐器太简单或者太难看了，也可以在罐子之间挂上一些小勺子或者铃铛之类的金属物件，可以让声音更丰富一些。

此外，各种市制的东西也会发出美妙的声音，所以它们也可以用来做乐器的材料哦!

锻炼技巧的游戏

空间互换的游戏：

准备两个盒子和一些大点儿的纽扣或者积市块，把纽扣或者积市块放在其中一个盒子里，然后让宝宝来给它们换个家，把纽扣从一个盒子里挪到另外一个空盒子里。妈妈可以演示一下，宝宝很快就能领会其中的奥秘，然后开始模仿了。这个游戏可以锻炼宝宝手部精细动作的技巧。

在"空间互换"的游戏过程中，妈妈一定要参与，千万注意不要让宝宝把扣子放进嘴里，以免误吞。

辨识形状的游戏：

找一个带盖子的纸盒，在盒盖上挖剪出一些形状（一条细长的开口，圆形、三角形、星形等），然后再把盖子盖上。给宝宝一些正好能通过这个开口的物品。小家伙会很热情地帮忙整理。如果时间长了，宝宝对这种形状的开口显然感到厌倦了，妈妈可以再给他做一个新的形状。

手指游戏

手指不见了：伸开所有的手指，然后摇一摇。边摇边说："所有手指摇摇，所有手指晃晃，一个倒下来，九个还在摇。"然后，把倒下的手指弯起来。以此类推，直到十个手指头都弯起来，变成两个拳头在那里摇晃为止。宝宝会对消

失的手指非常感兴趣的。

手偶：这个时期的宝宝最喜欢手偶表演游戏了。妈妈可以用自制的手偶，比如用洗碗手套或者适合手的大小的纸袋画上各种表情的脸，也可以购买市售的毛绒玩具手偶，来给宝宝讲故事或者表演一些小剧目。你会发现宝宝会看得哈哈大笑的。

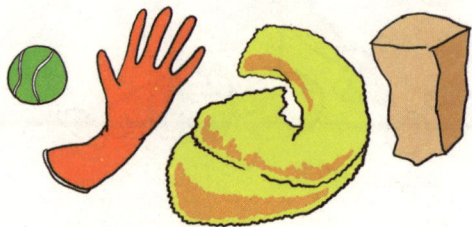

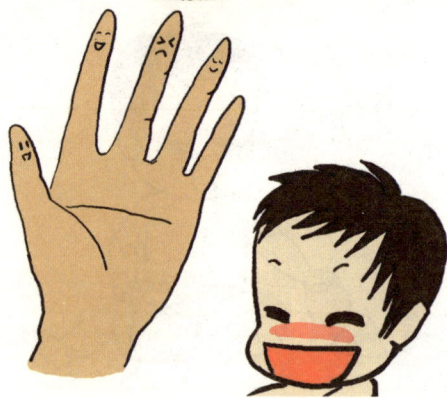

有趣的指偶：不光手可以讲故事，手指头也可以。在每个手指头上套上指偶玩具，然后给宝宝讲个有多个角色的故事，他会非常喜欢的。指偶玩具可以在玩具店购买到，当然，妈妈也可以根据自己的创意自己动手制作。制作指偶的方法也很简单：比如，利用一些破旧衣物、手巾、布料等，裁剪出能够套在手指头上的指套。然后，在上面画上各种脸孔，粘贴一些羽毛之类的装饰等。总之，自己动手DIY的乐趣就在于创意无限。此外，你还可以在手指头上挂小铃铛，这样，讲故事的时候，随着手指的摆动，就会发出叮叮当当的声音，宝宝就会觉得更有意思了。每个手指都是一个人物或是一个动物，让它们跟宝宝说话，或是它们之间相互聊天。当然，如果宝宝也想一起玩的话，可以把指偶套在他的小手上。

关于数字的歌谣：这也属于手指游戏的一种。

来了一只小老鼠
跳上一个小房子。
它在哪里休息呢？
在宝宝的心里。

注解：扮演小老鼠的就是妈妈的手指。它从宝宝的腿上开始向身体的上方行进，很快就爬到了宝宝的胸前（心里）。

来了一只小熊。
它从哪里来啊？
它往哪里去啊？
它要去宝宝的房子里。

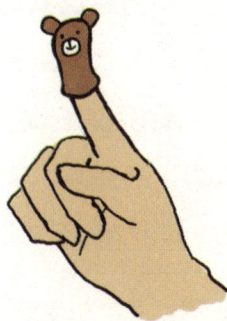

注解：念歌谣的同时，妈妈的手指朝着宝宝的方向跑去（在空中，越过桌子，越过床）或者沿着宝宝的身体向上爬。最后用手指轻挠宝宝的下巴、脖子以及后脖子，或者抓他痒痒。宝宝会发出咯咯的笑声哦！

手指数数歌

小老鼠来了，

小老鼠来了，

铃铃铃，

宝宝在家吗？

这时，用手指越过宝宝的胳膊向脸的方向往上攀登。在说到"铃铃铃"的时候，扯扯他的小耳垂。

大拇指说我是一，

食指说我是二，

中指说我是三，

无名指说我是四，

小拇指说我是五。

每说完一句，彻底伸直对应的手指。通过这个游戏，宝宝不仅能够逐渐理解数字的意思，更重要的是宝宝可以通过游戏和模仿了解各个手指的名称。

丰富多彩的水

舀水：在浴缸里玩水永远是那么有趣，就连把水装进杯子里再倒出来这么简单

的动作都可以让宝宝很高兴。实际上，舀水游戏也可以玩出很多花样，比如在杯底弄一个小洞，这样用它舀水就会形成一个有趣的水柱。再发挥一点想象力，在杯子上多做一些各种大小的洞，用杯子舀水时就会形成多个有趣的水柱，好像洗浴花洒一样，宝宝会非常喜欢的。

丰富多彩的泡泡：坐在浴盆里玩泡泡的感觉真是太有趣了。如果泡泡够多，妈妈可以用泡泡给宝宝建一座"小山"，或者用泡泡在宝宝头顶做一顶帽子。用泡泡给宝宝画一个小丑妆等。当然，最好在浴缸的附近放一面镜子，这样你就能够让宝宝随时看看你创作的这些作品了。

如果妈妈和宝宝一起洗澡的话，也可以让宝宝用泡泡把妈妈装扮得更"美丽"。

儿童戏水池：夏天，可以选择让宝宝在一个浴场或公园里的儿童戏水池里玩水，如果你有安全和卫生方面的担忧，也可以买一个宝宝用的小泳池，放在自家的阳台上。水不

用太深，4~5厘米高就已经足够了。让宝宝坐在水里，把宝宝洗澡时用的小鸭子放在水池里，然后妈妈和宝宝一起边戏水边唱歌："我们家里养了一群小鸭子，我每天早晨赶着它们到池塘里，小鸭子向着我嘎嘎嘎地叫，再见了小鸭子，我要上学校……"

浇水和喷水： 在儿童戏水池中放一个彩色的塑料碗，一个过滤筛子，或者其他一些家务用品，然后让宝宝用这些东西来浇水和喷水。

水中的小纸船： 给宝宝用纸叠一个小纸船，然后放在水池或者水盆里，让宝宝来当船长。当纸船吸收水分之后，就会沉掉，这个现象会让宝宝非常感兴趣哦！

叠纸船的方法

准备一张长方形的纸，先对边折，然后按中线在正、反面各叠一个三角形。接着将三角形上多余的纸边在正、反面各折一下，然后将折成的三角形撑开压平。掀开一角向上折，翻过来继续将下面的一角往上折。然后，用手指将折成的第二个三角形撑开。再掀开一角向上折，翻过来将下面的一角往上折。最后，将左右的两角一拉，就变成一条精致的小船了。

幅度较大的互动游戏

飞： 让宝宝胸部朝下俯卧在妈妈（最好是爸爸）的一只前臂上。用手抓住宝宝的肩膀，并握紧他的胳膊。用另一只手从宝宝的双腿中间穿过，

抓扶住他的腹部。然后尽可能远地伸展你的双臂，转圈，宝宝就能享受飞翔的乐趣了。如果你有足够大的力气，而宝宝也不是很重的话，还可以把他飞向更高处再落下。这会带来与众不同的刺激，以及更多的欢乐。

和宝宝赛"爬"：在家里找一片比较开阔的地方，跟宝宝来一次爬行大赛吧。当然，妈妈要让着宝宝一点儿，让小家伙成为最后的赢家，受到鼓励的宝宝会爬得更起劲。你也可以在前面爬，然后让宝宝来追你，抓住你，或者你去抓宝宝，玩玩爬行版的"老鹰抓小鸡"也是很有意思的。

有趣的拳头塔：玩这个游戏时，最好把宝宝抱在膝间，坐到桌子旁边。当然，建一个拳头塔，越多人参与越好玩。游戏的方法很简单：妈妈伸出一个拳头，握住宝宝的大拇指。然后，把你的大拇指向上伸开，让宝宝接着握住它(或者让其他的参与者来握)，以此类推，就形成了一个用拳头建的小塔了。怎么拆除这个拳头塔呢？妈妈可以用"捣大蒜"的方法。用这个拳头塔捶桌子，边捶边说：

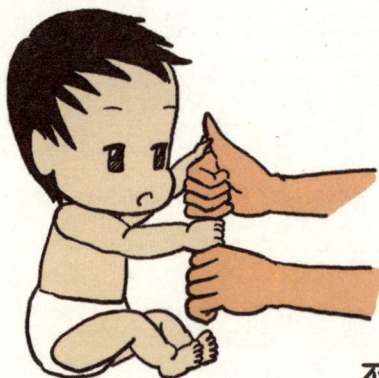

捣啊捣啊捣大蒜，

一只小手离开了。

（这时，把最上面那只手拿开。）

捣啊捣啊捣大蒜，

又一只小手离开了。

（再拿开一只手，直到桌子上拳头不见了。）

这个游戏也可以反过来玩。可以从一个拳头开始（捣啊捣啊捣大蒜，一只小手回来了……）逐渐再把这个拳头塔建起来。

充满刺激的突然下落：扶住宝宝的腋下(要抓牢他)，让他的小脚沿着你的腿、肚子，一步一步往上走，一直走到妈妈的肩膀。然后，护住他，给他来一个

突然下落。

　　这个游戏的重点是：宝宝要被抓得很牢。经过游戏，有助于建立宝宝对妈妈的信任。

　　跳舞和跳跃：妈妈用手握住宝宝的腋下，与他共舞，并带着他一起跳跃。在跳跃的同时，妈妈还可以给宝宝唱首歌，让宝宝随着节奏运动：

　　洋娃娃和小熊跳舞，
　　跳呀跳呀一二一。
　　他们在跳圆圈舞呀，
　　跳呀跳呀一二一。
　　小熊小熊点点头呀，
　　点点头呀一二一。
　　小洋娃娃笑起来啦，
　　笑呀笑呀哈哈哈。

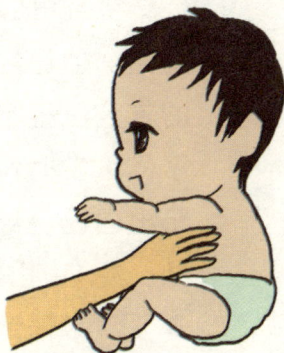

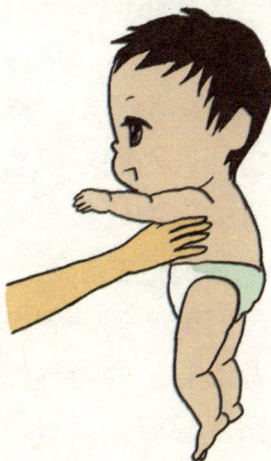

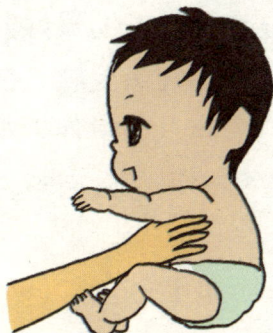

宝宝已经满一周岁了，通过12个月的刻苦练习，他已经掌握了一系列杰出的才能。现在的宝宝已经会站、会爬、会坐，甚至几乎会跑了。这个时候的宝宝极富表现欲，他们渴望展示出自己已经学会的东西，健康活泼，机灵好动，想征服周围的一切。爱自由，想独立行走，并尽情地享受其中的快乐。但是，伴随着这些而来的，还有无处不在的安全隐患：复式住宅里陡峭的楼梯、欧式风格别墅里的壁炉或家中的电暖气、电源插座、抽屉，甚至是家中的绿色植物，都是暗藏危险的。宝宝的好奇心大得让大人们难以置信也无法猜测，几乎一切新鲜的事物他都想要去摆弄摆弄，但是，他们并不知道这些东西对于他们的危险性。所以，父母们就必须做到：注意、注意、再注意！但不要限制，自由是促进宝宝成长的最好方式，他们渴望探索，从探索中得到满足感。在第二年，宝宝能学到更多的东西。如果仔细观察，妈妈们就会发现，宝宝每一天都会有新变化和新惊喜。

第 5 章

第二年

接下来的一年里，宝宝会尽自己最大的努力来施展活力，他们探索万物的脚步迈得更快了！

身体发育

宝宝第二年的发育不会像前12个月那么快了。他在第二年和第三年平均每年长10厘米（在第一年中大约长25厘米）。

从第13个月开始，宝宝就可以跟大人们吃一样的食物了。当然，如果妈妈喜欢吃辣的、油大的或者熏制类的食物，那么还是要单独给宝宝做些清淡的食品，因为宝宝的消化系统还经不起那么大的刺激。随着饮食习惯的不断改变，宝宝会有一些不喜欢吃的东西，以及某些特别喜欢吃的菜。妈妈们没有必要强迫宝宝吃任何他不喜欢的东西，也没有必要说每次一定要吃多少量的饭。因为宝宝完全能够通过对吃的食物进行消化，然后获取他身体所需的各种营养物质。一岁的宝宝可以准确地感觉到他的身体需要多少食物。宝宝们的个体差异还是比

较大的，瘦小的宝宝比高大的宝宝要吃得少一些。那些整天活蹦乱跳的宝宝要比安静的、不吵闹的吃得多一些。妈妈们没有必要参照某些标准来衡量宝宝的饭量。当然，无论吃得多少，保证宝宝每天所需的充足水分是必需的。

观察环境，练习技巧

18个月的宝宝应该已经学会独立行走了，许多宝宝已经可以直立着上楼梯了，但是长时间待在上面还是有难度的。所以，上楼梯的时候妈妈还是应该牵着宝宝的，而且要等他的双脚站在同一台阶上之后再迈第二步。等宝宝过了两岁，就可以独立自由地攀登楼梯了。沙发和椅子是他们最喜欢的攀登对象，摔倒也就在所难免了。

宝宝的双手一天天变得灵活，两只手、手指和眼睛互相配合得越来越好。现在，吃饭的时候，可以给宝宝一个勺子，让宝宝试着自己吃。勺子是一个复杂的工具，在吃饭时，妈妈教宝宝如何用勺子把饭

送到嘴里，当然，宝宝要想完全学会这个动作还是需要一段时间练习的。教宝宝串珠子可以锻炼宝宝手指的灵活性，一般宝宝到两周岁的时候就基本能够完成这个动作了。当然，练习扣纽扣和解开纽扣等精细动作也可以锻炼宝宝手指的灵活性。

小家伙吃饭开始挑食了

尽管用勺子吃饭可以勾起宝宝吃饭的兴趣，但是小家伙还是可能有不喜欢吃的食物。一段时间以后，你会发现，他们和大人一样，会形成自己喜爱和讨厌的口味。

因为每一种食品都含有对宝宝成长很重要的营养成分，所以对付挑食的宝宝，妈妈们需要多变化一些菜式，尽可能地做到营养均衡。

智力发育

所有的感觉器官现在都已经完全发育好了，而且相互之间的配合也变得极其协调。也就是说，宝宝可以更好地领悟和熟悉周围的事物。这个时期，触觉仍然占主导地位。这表明，宝宝仍然会一如既往地用双手翻转着新的物品，然后用嘴去接着研究它。

宝宝的视觉和听觉发育也有了很明显的进步。你会发现他很乐

意跟妈妈或者爸爸一起看一些儿童图画册，共同倾听、制造以及区分不同种类的声音。宝宝对空间的理解能力也大有长进。他可以区别里面和外面，空心和实心，上面和下面，前面和后面等不同的空间概念了。此外，宝宝智力方面的发育还表现在他可以对物品的大小、颜色、形状进行分类。而且他会用很长的时间（10~20分钟）专心地研究一个由很多单个部分组成的玩具。简单的玩具，如汽车、摇鼓之类的，已经不能满足宝宝的好奇心了。宝宝对空间的理解也与他的偏好有关，例如有些宝宝喜欢把手指插入空心处或者小洞里，而有些宝宝更愿意将整只手伸进去。

空间的体验以及辅助工具的使用

第二年开始，宝宝会竭尽全力地围绕房间爬行或行走，他想完全征服他生活的空间。这个阶段，他还会试图了解距离的概念，渐渐地，他就会知道远和近的区别。

快到两岁的时候，宝宝们就已经很熟悉房间里的一切了。他们能够清楚地知道浴室、厨房以及卧室都在哪儿。

这一年里宝宝的新进步表现在接触事物的风格与方法上。在过去的几个月中，宝宝更多的只是随意地摆弄玩具，但现在，他们的一些动作都是有意识的。比如，如果宝宝现在想得到桌子上的积木，他会尝试各种可能的方法：碰撞、吹、推或滚动等，这些行为都是有意识的。此外，他还学会了使用辅助工具来达到他的目的，比如，为了可以爬上桌子，他会把椅子挪到桌子旁边；为了把沙发底下的球取出来，他会去拿棍子等。

记忆力提高，判断力增强

随着宝宝大脑的不断发育，他已经对一些事物产生了记忆，这些记忆能够使他的智力得到进一步提高。宝宝一岁半的时候，就会识别一些比较简单的事物关联了。比如，如果妈妈穿上夹克，他就知道是要去散步了；有电话响了，他就知道要去接电话；门铃响了，他就知道有客人来，要去开门。有时候，仅仅是做过一次的事情，他也可能会记得。

语言发育

第二年里，宝宝会听懂很多曾经跟他讲过的话。当妈妈说："来啊，我们走吧"或者"不要碰"或者"告诉阿姨哪个是泰迪熊"，他都可以完全理解其中的含义。

如果他的注意力够集中，就能够完成一些要求和任务。这个阶段宝宝不仅能够听懂很多词汇，同时也在不断地学习到很多新的词，18个月以后，一般的宝宝就能够说出简单的两三个字的词了。

在一岁半以前，绝大多数的宝宝只会学到很少的几个词。特别是那些活泼好动的宝宝。他们看起来总是那么忙，学习走路，在屋子里嬉戏，不受限制地运动着，外人看上去他们好像根本不想或者根本没有时间去学习说话一样。

但是，这些只是大人们的错觉罢了。在一岁半以后，宝宝们的语言表达能力会有突飞猛进地发展。即使他们表达得不是太好，但是却已经能够很好地理解很多话的意思了。

对于宝宝们来说，他们不仅要去学习说出单词，还要了解这个词的含义。这其实是一个很难的事情，也需要很多精神上的努力。

所以，显现出来的是，宝宝把很多不同的东西都赋予了同样的定义：例如，对所有带有毛的东西（狗、刮须刷、带辫子的娃娃）都叫"毛毛"，或者把所有带四个轮子的东西（也包括带四个轮子的玩具小鸭）都定义为汽车。这说明，当宝宝们学习到一个概念的时候，他们仅仅只能记住单独的某个特征。例如汽车：它有着四个轮子，而在他们的眼里，所有四个轮子的，也就都成了汽车。

渐渐地，宝宝就可以准确地区分了。当然，这是在不断修正错误的过程中成长起来的。爸爸妈妈在说话中也要注意方法，当发现宝宝说得不对时，只需要对宝宝说出正确的发音以及含义就可以了，不要再添加一些其他的注释。因为，一句"这是错的"或者类似的评语，可能会使宝宝失去信心，长此以往，宝宝想说话的热情就会受到打击，可能就不愿意说话了。

在最初的语言发展阶段，尽管很多不同外表形态的东西都会被宝宝用相近的基本结构概括为同一个词，但这个词已经能够体现出某个事物的概念了。

社交能力的发育

宝宝现在已成为名副其实的小大人儿了。所有的事情他都想独立去完成。当然，这并不容易。一方面，他觉得自己很了不起，因为他可以用自己的力量来回移动，想办法实现自己的意愿，完全征服了周围的一切。而另一方面，他在展示这些能力的同时也是很害怕的。宝宝第一次体会到，他和妈妈不再是一个整体，他需要自己去辨别身边的人群。宝宝一方面充当着冒失鬼，而另一方面又害怕地想扯住妈妈的衣裙，尽管这看起来很矛盾，但其实都是完全正常的。

宝宝对于他想做的事情，也会有没有达成愿望的时候。这个时候，宝宝的脾气可能会比较大。例如，当他看到某些东西想要抓，但却没有抓到的时候。或者在危险面前，他不得不屈服于父母为了保护

他而下达的禁止令。所有这一切都会让他感到生气和愤怒，甚至是完全崩溃，他会哭喊，往地板上扔东西，把玩具摔到墙角，或者在那跺脚，这样的情况可能每天都会上演数次。

这个阶段，对待任何事情，父母前后一致的态度显得格外重要。因为宝宝不仅在了解着周围的事物，还有周围的人。如果对待某一事物的态度前后不一致，会扰乱宝宝对事情的评估，也很难预知对事物的反应以及态度。尤其是在你发出某些禁止指令之前，一定要考虑清楚：如果有必要一定这么做，就一定要把这种态度坚持到底。如果，你今天同意了宝宝与你一起在厨房"做饭"，而明天却禁止了这种请求，你就会把他弄糊涂，随之就会引起一系列的反抗，恐惧或者是愤怒的行为反应。

这个阶段最适合的游戏

这个阶段的宝宝是不知疲倦的模仿者，最喜欢的就是模仿大人来做一些事情了。因此，最好的游戏就让宝宝参与到爸爸妈妈一直以来所做的工作中：做饭、整理房间、看报纸、吸尘、洗澡等。让他跟你一块做吧，通过这些活动能够促进他的独立性、灵活性，以及智力方面的发育。在这里，我们列出了以下游戏，这些游戏能够促进宝宝第二年的各项能力发育，激发宝宝的感官、洞察力、灵活性以及创造力。每个游戏都同时发挥着各种作用。最重要的就是让宝宝参与到游戏中来。这些看似简单的活动不仅仅促进了一些有关运动科学方面的能力，如果你在活动的过程中给宝宝讲讲故事，唱唱歌，还可以同时满足宝宝精神上的需求。

是否玩游戏或者玩多久，都要让宝宝来决定，当他正在专注于某件事情的时候，请不要去打扰他。

思维和形态方面的游戏

小小探险家： 如果你经常带着宝宝散步，我建议你充分利用散步的那段路程。比如，边散步边跟宝宝说话："我们马上到绿色的电话亭了。"这里说的"马上"，应该是距离说话的地方10米以内，

不要太远。随着时间的推移，你可以逐渐设定更远的目标和更多的目标，例如："我们马上就到红绿灯那里了，然后会路过面包房。"

路边各种各样的树也是启发宝宝探索精神的线索。妈妈可以引导宝宝，让他去发现不同的树木以及各种树叶。轻轻地从不同的树上摘下两三片树叶，递给宝宝，让他进一步去研究，发觉它们的区别。

让宝宝了解因和果的关系：

　　妈妈可以给宝宝展示水龙头是如何被使用的。通过展示，宝宝就会领悟到它们之间的关联：把水龙头拧开，水就流出来了。

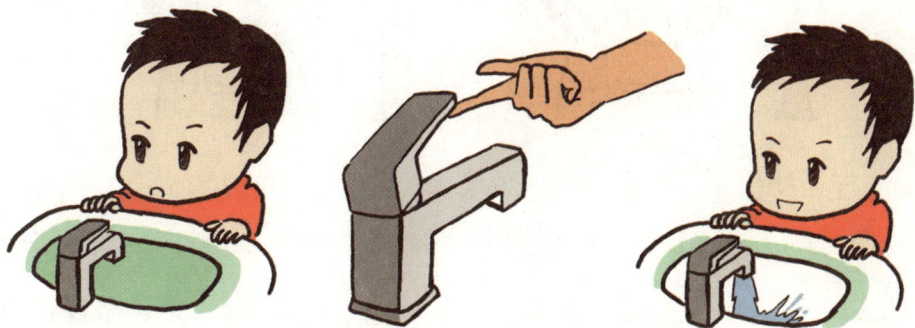

　　准备一个水盆，然后把一个小球扔进水里。先从很低的高度扔，这样就会溅出少量的水。然后增加高度，就会溅出更多水。让宝宝观察整个过程。他就会逐渐了解高度的增加和溅出水量多少之间的关联了。

找一根蜡烛，然后让宝宝吹灭它（注意小心火源）。发生了什么呢？开始火苗闪闪发光，瞬间结束了，只剩下一缕烟在那飘着。

学会选择：在宝宝不足一岁半的时候，他就能够学会选择了。比如，在他面前放一块饼干、一个苹果和一个香蕉，并让他挑选出其中一个。开始的时候，他也许还会三个都想要，

> **灵活的猫妈妈和猫宝宝**
> 跟宝宝共同制作一对由卡纸剪成的猫妈妈和猫宝宝。在剪好的卡纸上部用一条绳子连接固定。再用纸剪出一个螺旋形状，当做猫尾巴粘在猫妈妈和猫宝宝剪纸的下方。最后给它们涂上颜色，贴上两撇胡须。制作完以后，拉起绳子，这时候，你就能看见猫妈妈母子灵活地旋转呢。

过不了多久，他就会从中选择出一个或两个。

学会选择，是宝宝智力发育方面取得的又一个伟大成绩。因为这说明宝宝记住了自己的喜好，用头脑来比较事物，并考虑出他自己喜欢什么。如果宝宝没能立刻挑选出喜欢的东西，或者根本就不想去选择，妈妈请不要催逼他。这终究是个游戏，一定要玩得高兴才是目

的。如果上面说的那三个东西宝宝都不感兴趣，妈妈还可以拿一些别的东西来玩这个选择的游戏：短裤（红色的或者黄色的）、玩具（小娃娃或者泰迪熊）、饮料（巧克力奶或者牛奶）等都可以。

分类的乐趣： 如果说一周岁以内的宝宝玩不了积木，那么一岁半左右，你的宝宝也应该拥有一套积木了。因为，用它可以玩很多美妙的游戏，激发各个方面的能力：思考能力，创造力，灵活性，详细的亲身体验，以及其他更多能力。

让宝宝把一箱子积木块倒在地板上。然后，让他依照大小、形状，以及颜色进行一一分类。他也可以对其他东西进行分类。例如餐具、玩具汽车、纸屑、铅笔、衣物、短裤等。

小小建筑师： 用积木块可以搭建出最有趣的东西：城墙、钟塔、房子、汽车、铁路。开始的时候，妈妈要和宝宝一起来搭建，以便宝宝观察这些都是怎么做的。但需要注意的是，妈妈们不要干涉宝宝的作品，要让他自己进行随意搭建，即使宝宝搭建的这个"建筑物"是一个四不像，也不要去干涉。

简单又有趣的积木

积木可以说是风靡全球，经久不衰的传统玩具。它们的形状和颜色都是那么丰富，既可以摆出简单的各种造型，又可以变幻出复杂的建筑，是开发宝宝智力的必备玩具！

做运动

蹦蹦跳跳的小兔子：妈妈和宝宝装成小兔子。爸爸妈妈蹲在地上，然后开始蹦跳比赛。在客厅另一端的椅子上摆放着一个胡萝卜（或者其他毛绒玩具）作为终点。当然，妈妈们要让着宝宝，假装进行比赛，当宝宝到达终点取得胜利时，妈妈们不要吝啬鼓励哦！如果宝宝现在还不能蹲着蹦跳，就让他站着出发吧！

给我一个拥抱：

妈妈在距离宝宝几米远的地方蹲下，张开双臂，然后呼唤宝宝的名字，让他到你这里来。无论宝宝是爬着过来的，还是跑过来的，只要他一到，就握住他的腋下，然后把他举在高空中。宝宝一定会发出爽朗的笑声。

除此之外，还可以准备一些奖励，就是把他举起来放在脑后，让他骑在你的肩膀上，然后带着他围着屋子蹦蹦跳跳。（一定要抓牢他的前臂哦！）

追绳子：找一条长一点儿的绳子或是一条带子，然后在地板上拉它。让宝宝跟着绳子的尾巴跑，当他差不多离得很近的时候，你可以把绳子拽过来，让宝宝踩不到。当然，要想玩得尽兴，妈妈最后还是要安排让宝宝抓到或者踩到绳子的尾巴，这会让他很有成就感。当他成功几次后，就可以变换角色，让宝宝拿起绳子，在地上拉，由妈妈来追。

跳跃的乐趣：让宝宝从一些平台上面向下跳。开始一定要从特别矮的地方开始，当宝宝完全掌握了跳跃的技巧以后再慢慢升高平台的高度：脚凳、楼梯台阶、椅子、沙发椅或者长沙发。最好先给宝宝做个示范，展示跳的过程。

骑在爸爸背上真好玩

每一代宝宝在成长过程中都会让人看到那相同的一幕：爸爸四肢着地在房间里爬着，宝宝兴高采烈欢呼着坐在背上骑马。

这是个极其受欢迎的游戏，同时也锻炼了宝宝的平衡感官。如果想提高难度，爸爸的身体可以稍微晃动一些。当然，开始的时候，也许会需要妈妈在旁边站着稍微扶一下，以防宝宝抓不住滑落下来。

小鸭子赛跑：宝宝很喜欢拖着东西走。拿一个可以牵拉的小鸭子（或者随便其他什么，可以用绳子固定的东西），也给宝宝准备一个。然后你们俩开始赛跑，并排或者一前一后。再随时安排一个一只"小鸭子"捉到了另一只的情景，让它们之间相互碰撞。当然，在玩耍的过程中要注意防止宝宝在较高兴致和匆忙的状态下被玩具绊倒而受伤。

绕着桌子玩老鹰抓小鸡：和宝宝玩捕捉的游戏吧！让宝宝围绕着桌子或椅子跑，妈妈在他的后面跑、爬，或者慢慢走来追他。最迟到第三圈的时候捉住宝宝或者让宝宝捉住你。然后，再从相反的方向玩一次。

为了促进宝宝的协调能力，可以试试下面这个风车的游戏：

先让宝宝轮动一只胳膊旋转，然后换另外一只。之后两个胳膊向同一个方向旋转。最后再做一个尝试，就是让双臂向不同的方向旋转。

小火车嘟嘟嘟： 找两根长一点儿的棍子。妈妈握住棍子的一头，另一头让宝宝来握。然后，先让宝宝当火车头，向前走。然后再轮到妈妈来当火车头。在"火车"的行驶过程中，你们可以穿过整个房间，围着桌子和椅子转，时不时再来点火车鸣笛声。当然，用同样的方法也可以玩"开汽车"的游戏（只要把火车的鸣笛声换成汽车的喇叭声就可以了），或者来一个团体旅行，在一根或两根棍子上挂上一个或者几个毛绒玩具充当乘客也是不错的。一开始，妈妈是火车行进方向的引导者（通过棍子轻微给力），慢慢地，宝宝就会自己控制路线，并能指示想去的方向了。

倒立： 让宝宝躺在床上。然后妈妈或者爸爸慢慢地提升他的双脚，直到他竖立起来。如果想更好玩的话，你还可以使之继续抬离地面几厘米，让他在那摇摆，然后再慢慢地把他降落回原来的位置。还可以尝试宝宝手扶地面，借以支撑来实现"倒立"

这个动作，然后再把他放回俯卧的位置。当然，要注意安全啊！

走楼梯： 在宝宝已满18个月的情况下，选择一个三级以内的阶梯，妈妈拉住宝宝的一只手，"跑"上去再"跑"下来。如果宝宝很有把握，也可以从最后一级上跳下来。

打滚儿的乐趣： 妈妈平躺在地板上，然后向一边翻滚。宝宝随即也会模仿。你们可以并排躺着，彼此滚过来，再滚过去。

如果在夏天，还可以把这个游戏的地点选择在外面有点缓坡的草地上来进行，但是斜坡不要太陡了，不然宝宝滚得太快，可能会发生危险。

骑自行车： 让宝宝平躺。妈妈握着他的双脚做画圈的动作，就像骑自行车那样。

如果宝宝厌倦了自己骑车，妈妈可以自己躺在地板上，与宝宝脚心对脚心，和宝宝一起骑。

桥： 给宝宝建一座桥吧，最好用妈妈的身体，比如妈妈趴在地上，双手和双膝着地，让宝宝从胳膊和膝盖之间的空隙钻过去。妈妈还可以随时改变桥的高度和宽度，让它缩小点儿或者放宽点儿，这会让游戏变得更有趣。

飞： 这个游戏需要爸爸妈妈一起来参加。让宝宝站在爸爸妈妈中间，拉住宝宝的前臂（拉住手部的话就太不安全了），然后开始跑，如果宝宝跟不上速度了，可以把他拉起来，在两个人的中间"起飞"。需要注意的是，绝对不要猛地拉起，否则会伤害到宝宝脆弱的肩关节。

飞的游戏还可以这样做：父母抬起宝宝。一边扶住胳膊，另一边扶住腿。然后让宝宝上上下下，来回地飞翔。

金鸡独立： 用一条腿站立，让宝宝也做同样的动作。然后再换一条腿站着。妈妈可以跟宝宝比赛，看谁站得时间长。

与球有关的游戏

滚球：让宝宝坐在地板上，妈妈坐在距离宝宝不远的对面，然后把球滚向宝宝，让宝宝接住球，然后再把球滚回来。

藏球：把球藏在枕头或者沙发垫下面，让宝宝来找。然后，让宝宝把球再藏起来，妈妈来找。当然，妈妈可不要马上就找到哦！

斜坡滚球：妈妈坐在椅子上，伸直双腿。这样双腿就形成了一个倾斜的表面，宝宝可以让球从腿上面滚下来。如果他很机灵，能立刻跑到妈妈的脚边等待，甚至可以接住球。如果接不住，他就只能跟着球满屋子跑，直到把球抓回来再放回到妈妈的腿上。

这个滚球的游戏可以让宝宝伸展着双腿站着玩，还可以屈膝、盘坐以及蹲着玩。

投球： 找一个软一点儿、轻一点儿的球，然后把纸篓、大锅，或者由枕头搭的坑作为投掷的目标。然后就可以进行投掷的练习了。开始的时候，要让投掷目标距离宝宝近一些，让宝宝能够把球投进去，然后再慢慢拉开距离。现在，宝宝可以扔多远了呢？

锻炼手的游戏

画画： 妈妈和宝宝坐在桌子面前，每个人拿一张大纸。现在用彩笔在纸上画圆圈和线条吧。宝宝可以在自己的纸上画。在开始的时候，这支笔要尽可能地粗一些（例如绘图蜡笔），方便宝宝拿握。在画画的时候，妈妈也可以唱首歌，或者说童谣给宝宝听，然后你们两个伴随着节奏来"画画"。

如果把画画的工具由彩笔换成宝宝的手指，宝宝会更加感兴趣的。你需要准备很多纸张以及两到三种不同的安全颜料，让宝宝用手指直接去蘸，当然，一定要告诉宝宝这是用来画画的，不能吃哦！起初一种颜色也就足够了。需要注意的是，宝宝可是需要很大的地方来画画。因此，妈妈要准备大面积的纸。比如，那种便宜的裱糊纸卷或者成卷的包装纸，把它铺在地板上或者展开在桌子上，这样宝宝就能够自由发挥了。

用笔或者用手指蘸着颜色来画画，会让宝宝对自由的渴望得以完全的释放。

小小雕塑家： 用潮湿的沙子，宝宝专用的黏土，或者生面团都可以捏出各种美丽的雕像。给宝宝找一个开阔的空间，放手让宝宝去创造，这会是一件很有趣的活动，同时也能锻炼宝宝手部的灵活性。

串珠项链： 用五颜六色的小市球、小铃铛、大大小小形状各异的纽扣，手工制作一条绝美的长项链吧，宝宝可以用手在上面摆弄，摸一摸那些个好玩的零部件，还可以把它弄出响声，或者等他再大一点，就会摆出各种形状。需要

注意的是，要选择一条结实的线来串珠，而且珠子一定是不能褪色的。因为，这个阶段的宝宝一定还会时不时地把项链放进嘴巴里。

学会交换：妈妈把一些东西放到宝宝的手里，自己手里拿一些别的东西。然后跟宝宝互换手中的东西。每次交换的时候，妈妈都要说出这些物品的名称。例如："你给我小鸭子，我给你小汽车。"如果妈妈能进一步表达触觉，还会让这个游戏得到全面的升级。例如："我拿到一个泰迪熊，它是柔软的。你手里拿的是什么啊？是一个光滑的模块吗？我们可以交换吗？你给我光滑的模块，我给你柔软的泰迪熊。"

妈妈可以用不同材质的东西来玩这个游戏，而且每次都应该有不同的玩法。宝宝会从中学习到一些东西的特性，诸如热的、冷的、粗糙的、光滑的、硬的和软的等。

锻炼宝宝的感觉：妈妈在一个袋子里或是包装袋里放两样东西（例如一个苹果和一个香蕉，或一个勺子和一块积木，或一个小汽车和一个球）。然后，让宝宝伸手进里面抓，但不能看，妈妈说出一个物品的名称，然后让宝宝把这个东西取出来，看看宝宝的触觉是不是准确。妈妈们可以逐渐增加袋子里东西的种类，锻炼宝宝通过触觉分辨不同物体的能力。

如果宝宝还不能很好地分辨，妈妈可以把这个游戏变得简单一

些。比如在袋子里放很多东西，然后让宝宝随便从里面拿一个，然后你告诉他这件物品是什么，有什么特点，然后把它放回袋子里，让宝宝再抓下一个。这也是一个学习和锻炼的方法。

入睡的程序很重要

宝宝每一天的经历都是如此丰富多彩，这使得他们晚上不舍得入睡。这时候，如果养成了很好的入睡程序就要好得多了。因为它会让宝宝很快安静下来。比如，在睡觉前不要再让他了解一些新鲜的，令人兴奋的东西，而是带来一些熟悉的，不需要特殊去认识的内容。比如：一个音乐闹钟，一小段故事，一个墙上的影子游戏等，每天都做同样的内容，会让宝宝潜意识里形成入睡的程序。

有着美妙旋律的音乐闹钟会有助于睡眠。

锻炼听觉的游戏

无处不在的"乐器"：所有喧闹的声音在宝宝听来都是美妙的音乐。因此，几乎所有的东西都可以充当"乐器"。例如找一个带有盖子的塑料杯子，把里面装上各种各样的材料：沙子、豆子、弹珠、鹅卵石、扣子。然后，把盖子拧好，一个绝妙的摇鼓就做成了。当然，你也可以选择用空的果酱瓶或小罐头瓶来做，但因为是玻璃的，所以一定要看护好，以免瓶子破碎。

喇叭也很好做，用硬纸盒卷一个就可以了。

在宝宝的拖鞋或者手套上缝几个小铃铛，这样宝宝跳舞的时候就有伴奏了。

利用空的易拉罐（请把锋利的边缘处用透明胶带粘好）来做个风铃吧！还可以找来不同大小的空罐子叠在一起，然后找来一个小勺子敲敲。不同大小和不同材质的罐子就会发出不同的声音，然后就产生了真正的旋律。如果把这个罐头塔弄倒的话，还会碰撞出更澎湃的乐章哦！

第一个真正意义上的乐器：任何乐器都会给宝宝带来无限的欢乐，例如：口琴、三角铁、摇铃，当然摇鼓也是不错的选择。把这些东西给宝宝，让他随意发挥就可以了。当然，如果妈妈或者爸爸能懂得一样乐器就更好了，你还可以同宝宝一起"奏乐"哦！

让宝宝爱上诗歌：每个宝宝都会喜欢诗歌或者童谣。诗歌特有的韵律可以给宝宝们带来安慰和鼓励。妈妈可以经常给宝宝朗读一些童谣的图画册，朗读的时候要声情并茂，并告诉他，诗歌常常都是这样来读的，宝宝会感到很有趣的。

唱歌：妈妈们一定要爱唱歌，每天都要给宝宝哼唱一些歌曲。在做游戏的时候，做家务的时候，还有去购物的路上……只要是有兴趣、有条件，那么唱歌吧，音乐应该是自然而不受约束的。

如果妈妈经常给宝宝唱歌听，不久宝宝就会试着跟着一起唱，也许在两岁的时候，他就已经可以凭记忆唱上几首了。

就像我们之前说过的，即使你唱得并不专业也没关系，也不一定非要记住所有的歌词。宝宝接受了不同的听觉刺激，激发了他的乐感，这才是最重要的。

除此之外，让宝宝在唱歌的同时，一块尽情地鼓掌、敲打、跳舞吧！唱歌对全身都能起到刺激的作用，并能同时开发智力。

如果妈妈们实在不爱唱歌或者五音不全，那么你也可以买来儿歌的CD放给宝宝听，然后和宝宝一起"随着唱"。

锻炼视觉的游戏

寻找的游戏此时会更受欢迎：当宝宝在另外一个屋子里的时候，趁他不注意，把一个玩具放在屋子的中间，然后把宝宝抱过来，问宝宝："球（汽车、泰迪熊、娃娃等）在哪里啊？"下一次，妈妈可以把东西放在桌子上、椅子下、沙发上等其他地方，逐步提高这个

游戏的难度。

把一个新的玩具，或是宝宝很长时间都没玩而又曾经很喜欢的玩具藏起来。当宝宝找到之后，就把它作为奖励送给他，宝宝会很高兴的哦！如果你的宝宝是一岁或者一岁半，妈妈就不要藏得太隐蔽了，最好让他看到东西藏到哪里了。否则他是不会找到的。如果宝宝接近两岁了，妈妈们可以把玩具藏到宝宝容易找到的地点，鼓励他们寻找，如果他们总也找不到，就不会有兴趣玩下去了。由于宝宝的语言能力越来越强了，妈妈还可以进行下面的游戏：拿出两个他已经能说出名字的东西，放在自己的身后（或者屏蔽的后面，小柜子的后面）。然后，举起其中的一个，问宝宝："这是什么啊？"如果宝宝回答正确，一定要给予强有力的表扬啊！

再加大游戏的难度：举起某件物品，停一会儿，然后把它藏到身后去，接着问宝宝看到了什么。宝宝回答成功了以后，逐渐缩短展示给宝宝看的时间。这样可以锻炼宝宝的反应。

妈妈把自己藏在窗帘、柜子或者桌子的后面，然后让宝宝找。当然，如果宝宝找不到，妈妈可以弄出一些声音，给小家伙一点儿启示。

还可以让宝宝藏起来，妈妈来找，但是，不要轻易找到他，装成怎么找也找不到的样子，然后对宝宝喊道："让妈妈看看你的胳膊（腿、脚、头、手）啊"之类的话，然后宝宝就会从他的藏身处伸出所对应的身体部位。当然，这个是比较难的，需要经过一段时间才能成功。

图形的魅力：用玩具可以摆出很多几何图形：圆圈、三角形、矩形、正方形。妈妈可以先给宝宝做示范，然后让他来模仿。这个游戏可以激发抽象思维能力，对思维和说话都是很重要的。

你看到了什么? 让宝宝通过窗户（关着的）向外望，并留心观察所有看到的事物：树木，花，其他的房子和窗户，一扇门，汽车，人们（女人、小孩、男人）。然后问他："宝宝看到了什么啊？"

益智玩具可以锻炼宝宝的思维能力和记忆力

就如大人们热衷于九宫图和数独一样，宝宝们也同样对拼图很着迷。不要以为宝宝太小不会拼就不让他玩，应该早一点让宝宝接触到这个游戏的入门阶段，变化各种方式持续不断地锻炼他的记忆力。要随时注意宝宝的专注程度：一旦他没有兴趣了，就要选择立刻放弃，不要强迫他玩下去。

有趣的记忆：在桌子上（或是在地板上）摆放出很多不同种类的物品。对于每一类物品都要两个，例如两个蓝色的积木块，两个咖啡勺子，两个同样颜色的晒衣夹。然后把它们打乱位置随机摆放，并拿起其中任意一个，让宝宝去找出另外一个同样的物品，然后同样举起来。越快越好。

宝宝的记忆力是惊人的，他们可以回忆起很久以前在画册上看到的东西，他们会一顿乱翻之后，大声说出书上某个物体的名字，然后会以期盼的眼神看着妈妈，这时候妈妈一定要对小家伙进行表扬，这会让他感到非常高兴的。宝宝足够大了之后，妈妈还可以在桌子上摆出各种颜色的小熊橡皮糖。然后让宝宝记住它们的位置，把宝宝的眼睛蒙上。然后妈妈说出一种颜色的糖，看看宝宝是不是抓得对，如果对了，就允许宝宝吃掉它！

辨别颜色的游戏：在给宝宝拿玩具的时候，告诉宝宝所拿的玩具是什么颜色的。开始的时候，在这个游戏中，最好给他些单色的玩具，黄色、红色、蓝色、绿色、黑色以及白色。一段时间以后，宝宝就能自己识别颜色了。妈妈还可以不断地提问："这个东西是什么颜色啊？"时间一长，宝宝就会骄傲地回答出正确的答案。

儿童画册：在宝宝的第二年，儿童画册是绝对的抢手货。它的材质最好是来自于结实的硬纸、塑料、织料或者市头。和你的宝宝一块看吧，并给他讲述画面的细节。当然，你也可以让宝宝独自阅读，看几次以及看多长时间都由他来决定。宝宝接触最初的几本书应该每页都是一些简单的，单一的图片。一岁半以后，便可以提供给他一些更多事物的，每页都会有些小情节的画面。

宝宝最喜欢的游戏可能是：你和宝宝共同看书，然后找找看，这些个画面上的东西是否都曾见过。例如苹果、球、汽车。然后把这些真实的物品同时摆放在桌子上，让宝宝看一看，画面上的东西和实体物品之间都有哪些区别。

进入第三年，宝宝就会越来越独立了。无论什么事情都想亲历亲为。比如自己穿衣服、脱衣服。自己吃饭，使用筷子、勺子的动作也日渐成熟。他还会使用剪刀了（当然，最好是在妈妈的监管下使用专用的儿童剪刀）。会自己梳头发、洗手，到公共场合的卫生间甚至还会用烘干机烘干手上的水，玩完玩具之后能够自己把玩具都收起来……除此以外，他也慢慢变得爱干净（这减轻了父母很大的负担），说话也越来越多，越来越清晰了。他把学到的本领做得更精致，并会自己增添新的内容。不过，这一年里，宝宝身高的增长不会像前两年那么迅速了。

两岁的宝宝，一般情况下开始有明确的喜好了，所以，宝宝的房间里摆放的应该都是他自己喜欢的玩具和家具，妈妈要帮忙进行重新替换和分类并采纳他的选择，包括屋子的配色最好也要征求他的意见，搬走那些只对成人适用的物品。给宝宝营造一个符合他自己爱好的儿童天地，不仅方便他在自己的房间里自由自在地活动和玩耍，也更加有助于刺激宝宝的多个感官从而促进宝宝的各方面的发育。当然，房间的安全性仍然是首要的。在这个前提下，尽量重新丰富一下宝宝的房间吧！

宝宝到了这个年龄，会增加社交方面的需求。他更渴望跟别的小朋友一块玩，当然，身边还少不了成年人的陪伴。多多接触各种各样不同的小朋友和陌生人，对宝宝的成长会有积极的影响。

第 6 章

第三年

身体上的变化

这一年里，宝宝会慢慢摆脱那张胖嘟嘟的婴儿脸。这与他头部的发育有关，头的周长最多增加了1厘米，囟门在第三年就已经完全闭合了。胳膊和腿生长得更快了，肩膀和骨盆变得越来越宽，所有的比例都改变了。这些改变使他的身体重心下移。结果是什么呢？那就是宝宝们保持平衡的能力越来越强了。

心脏以及肺部的发育提高了整个身体运作的效率。身体器官的总体功能变得越来越强，宝宝不再那么容易过敏了。

智力的发育

这一年里，中枢神经系统继续保持高速的发育。大脑的体积和重量都有所增加，整个结构也越来越复杂。神经元之间的连接也更为紧密。因此，宝宝接收信息和图像会更加完整、有序，而且能够迅速地表达出来。这说明，宝宝大脑的记忆程序运转得非常好。

宝宝的观察力也是有着显著的提高。以前，他必须要把东西放在手里观察，然后才能辨别出来，现在他只要瞥一眼就能对物体做出正确的识别。跟成年人一样，视觉已经超越了触觉，成为宝宝观察和接触世界的第一感官。当然，这种能力起初还只是针对一些熟悉可靠的物品。对于那些不熟悉的东西，他还是会先触摸，然后像动物一样闻闻，甚至放到嘴里品尝。随着时间的推移，宝宝的观察能力还会更进一步：通过他的经验，能立刻识别出汽车、狗、马、桌子、椅子等不同物品，而且不会发生混淆。

记忆力是由一个非常复杂的系统支持的

宝宝的感知能力在不断地发展，跟以前不同，现在，宝宝可以依据更多的特征（如颜色、形状等）来仔细观察物体并进行识别。

两岁到三岁的宝宝经常会提一些大人们想不到也无法回答的问题，因此我们常常把这个阶段称为"有魔法的年纪"。在宝宝的世界里，任何事情都是新奇的，他们对所有大事小情都要刨根问底。每天都会提出一大堆的问题，有很多妈妈们也不曾遇到过，自然也就无法给出正确的答案。如果你无法回答宝宝的问题，不如就让宝宝在自己的世界里探寻吧！

放下了单一的语言

三岁的宝宝，语言能力已经非常出色了。他们不仅学会了很多新的句子和词语，而且能够自由发挥组合了，他们非常愿意跟其他小朋友或者大人进行 "交谈"。虽然有时还会出现一些语法上的错误，但是三岁的小朋友已经能够说出一大段一大段、有复合句的话了。

这个年龄阶段的宝宝对于学习歌曲和诗歌是非常感兴趣的，所以他会一遍又一遍地唱歌，或者朗诵学过的诗歌。

此外，宝宝现在已学会像妈妈报告自己所经历过的事，还会转告别人曾经对他说过的事。

"有魔法的年纪"：宝宝特有的世界观

随着语言系统的不断完善，宝宝的思维能力也在继续提高。他不仅能够区分事物，看出事物之间的关联性，还能记住物质的特性，概括自己的经历和经验，并以这种方式来编排他小小的世界观。

宝宝的想法常常与成年人有着巨大的差距，好像两个世界的

人，这就是为什么有些专家会称这个阶段为"有魔法的年纪"。然而，这种魔法绝对不是表演，仿佛是宝宝真正经历过的一样。比如，宝宝会认为如果他敲打椅子，就会把椅子弄疼，仿佛是自己的感觉一样。

由于宝宝们的实践经验非常有限，所以他们世界里的因果关系往往只符合他们自己的逻辑。许多抽象的概念，如时间、恐惧、疾病或者公平，这些他都还不能够真正理解。但是，小家伙们还是会非常好奇，对学习新东西还是很有冲劲的。

这个阶段的宝宝不会再被动地学习了。他们喜欢主动提问。为什么？在哪里？怎么样？那是什么？妈妈们应该竭尽所能地、耐心地回答宝宝所提出的每一个问题，尽管有时候小家伙们刨根问底的劲儿确实让人发疯。

运动机能的发育

直立行走对于宝宝来说早就不是什么难事儿了。他现在的兴趣主要是针对自身能力的完善。保持平衡，蹦蹦跳跳，一条腿站着，围着急弯快速地奔跑，从围墙上、椅子上、阶梯上跳下来，往高处爬……这些才是宝宝们的日常运动项目。

骑三轮车是这个阶段宝宝的最爱。当宝宝想捡起地上的玩具时，不再是先坐下来，而是像大人一样，懂得了弯腰。精密运动方面

的进步也很明显：宝宝可以很好地串珠子，把放着餐具的（小）托盘稳稳地从一个房间拿到另一个房间，擦干餐具，摔倒的次数越来越少，解扣子和系扣子，把复杂的模型装入模板，或者把东西插入对应的开口部分，以及在1.5米处锁定目标抛掷一个球……宝宝现在已经非常灵巧了，在这一点上男孩和女孩的差异并不明显。

宝宝在这一年里最大的收获就是他们发现了自己的意愿。他能够决定什么事情想做，什么事情不想做了。当然，这也是妈妈们非常挠头的地方，因为你会经常听到宝宝对你说："不！"

社交方面的发育

这一年里，宝宝开始了解"我"与"非我"的概念。他发现自己脱离了其他人成为独立的个体。在第三年，宝宝最常说的话也许就是"我自己做"或者"我想这样"。这表达了宝宝对独立做事情的渴望。请妈妈们给宝宝最大的支持，并协助他的个人"行动"，帮助宝宝们建立自信心，让他通过自己的努力而向独立迈进。

ME

宝宝有了自己的想法。他能决定想做和不想做的事情。也能更进一步地考虑这个事情应该怎么去做。有时候，这种意愿往往会因为事与愿违而让他陷入矛盾中。这导致了他们内心的紧张和焦虑：一方面他们认为自己已经能做那么多事情了，而另一方面却发现，面对很多事情他常常是无能为力的。

任性的一面：让妈妈头疼的儿童反抗期

之所以把这个时期叫做"儿童反抗期"，是因为这个阶段的宝宝经常做出反抗的行为，让妈妈们非常难熬。宝宝的行为举止常常是矛盾、"喜怒无常"的。一分钟之前宝宝还很友好，很高兴，一转眼他就会因为微不足道的小事变得极度愤怒。他正热情高涨地帮妈妈收拾家务，突然就不感兴趣了。你说什么，他就偏要跟你对着干，看上去一点也不想顺从父母的意愿，不让他做某些事情的时候，他就像没听见一样，对妈妈的呼唤充耳不闻，怎么叫他也不过来。

他与别的小朋友打交道的方式也是矛盾的。比如，本来两个人玩得好好的，突然他就会毫无理由地把玩具都拿走，嚷嚷着"不跟你玩了"之类的话，让妈妈们非常尴尬。

儿童反抗期是非常重要的，因为这说明宝宝的自我价值观在逐渐形成。这是从婴儿走向儿童的最后一步。

虽然宝宝的表现令父母们发疯，但是请不要不知所措，也不要过于在意他人的评论"你们必须要采取强硬的措施了，不然这宝宝简直是目中无人了"之类的，也不要过于自责，检讨自己是不是在教育的过程中哪里做错了。这种"喜怒无常的情绪"是宝宝在成长过程中内部矛盾的一种表达方式。这些真的都是完全正常的。在这个阶段，请妈妈千万不要狂吼乱叫，歇斯底里以及愤怒地乱扔玩具，妈妈们要奉献温柔和爱，无私地关注，寻找宝宝们感兴趣的事情，并且和他一起做。

促进独立，划定界限

面对宝宝的突然爆发，妈妈应该尽量不要用生气和拒绝作为反应。相反，你应该支持他想独立的渴望，检查你已经制定的界限是否一定是必要的，对他每一次进步都要给予表扬，并对他的一次过失而给予适当的安慰。

只要你能够正面地、认真地认识到这个"自主独立的阶段"，这个阶段就会轻松地度过并不复存在。要知道：他不会永远这样下去的。这是对付宝宝反抗期最好的解决办法了。

这个阶段最适合的游戏

宝宝们现在已经能够很好地理解"游戏"的含义了。在家庭生活中，他会得到一些小任务，如收拾家务，把托盘放到桌子上，把餐具上的水擦干，或者把垃圾扫进垃圾桶里，他不断练习做这些事情的窍门直到完全掌握。比如，端汤的时候一定要特别小心，餐具要擦干净以后再收起来，摆放的时候要注意不要磕碰等。相反，在做游戏的时候，就怎么做都可以了。游戏的时候可以无拘无束，想象力不受到任何限制。椅子可以被当做攀爬设备，可以是火车头，也可以是一座房子。

宝宝们逐渐了解到，在游戏里人和物都可以担任现实生活中不可能或者也从末有过的角色。因此，让宝宝们掌握日常生活中的规则，然后发挥想象力，从另一个角度去看事物并发明出新的东西，这对于他们的成长是非常重要的。

在接下来这一年，一个新的游戏模式受到广大小朋友的欢迎，并具有显著的意义：角色扮演。它让宝宝领略到更多陌生的行为方式，自我锻炼，亲身体验它们之间的关联，化解失意和愤怒，通过游戏找到适应现实世界的方法。

培养孩子做家务，可以在游戏的同时促进宝宝其他能力的发展。

角色扮演

动物园：如果宝宝去过动物园，并曾对此感到害怕，那么就试试通过游戏克服这种恐惧吧。妈妈和宝宝可以一起来扮演动物，如狮子、大象或者袋鼠。然后你们相互进行"格斗"，完全张狂地咆哮，做一个长长的大象鼻子，或者像袋鼠那样大步跳跃，都能让宝宝感到放松和快乐。或者让积木、毛绒玩具、玩具娃娃来扮演动物的角色，制造一个动物园的氛围。然后让宝宝来当看守者或者动物园的管理人员，他可以给动物们"喂饭"，如果哪个"动物"吓到了小宝宝就训斥它，如果它们与人和平相处就给予表扬……慢慢地，宝宝们就不再害怕了。

有积极意义的角色扮演游戏

通过角色扮演的游戏，父母还可以了解到宝宝的小脑袋里都在想些什么。如果宝宝们对某些东西有恐惧或者排斥的情绪，那么通过角色扮演的游戏来解决是非常有效的。通过把那种受到威胁而害怕的感觉放在游戏里，就会让宝宝获得勇气和力量。在游戏里他会用自己的方式作出反应，并能争得自己解决问题的机会。

通过角色扮演的游戏可以获悉成人的世界是如何影响到宝宝的。

扮医生：这个阶段的宝宝可以说无一例外地害怕医院和医生。克服这种恐惧其实也不难，你可以让宝宝给你（或者他的玩具娃娃以及泰迪熊）做体检、听诊、打针。宝宝把自己看医生时了解到的一切放在游戏中，把自己当做医生在忙碌着。也许他对待他的病人不那么亲切甚至会有点儿粗暴，慢慢地他就会懂得这个病人一定会对医生感到害怕，

然后就会温柔地对待"病人"们了。玩过几次以后，宝宝就会慢慢消除对医生的恐惧了。

在餐馆吃饭：假装你和宝宝来到一家餐厅吃饭，让宝宝扮演客人，然后让他找位置，坐下来，给他拿餐牌，寻找想吃的东西，等待，直到餐齐上桌，用餐并吃完，别忘记结账啊！然后你们可以换位，让他扮演餐厅服务员，做一系列服务员该做的事情。他必须友好地询问客人的需要，去厨房，告诉大厨预定的东西，然后提供服务，祝客人用餐愉快，等客人吃完以后问他们是否用餐愉快，最后收款。

公交车司机：让宝宝扮演公交司机是一件有意思的事。在汽车向前行进的过程中，有好多的事情可做。他要预报站名，售票，当有外地人不知道详情，询问应该在哪转车的时候他也要耐心答复。慢慢地，宝宝会学会关心和帮助他人。

购物：宝宝是商家，妈妈是顾客。当然，你们还需要一些工具。这

些东西并不一定非要是真实的。不要低估宝宝的想象力，他们会随时改变身边东西的用途，用之以需。他可以把装沙子的小桶当作购物袋，把一小堆石头或者积木块当做牛奶、糖以及果酱，把餐巾纸当作钱。

在这个游戏中，钱是主要的活动对象，家长是参与者，要引导宝宝如何来支配它。购物的游戏是妈妈对宝宝进行财商教育的最佳方法。

小小飞行员：一把转椅也可以是一架飞机。为了让宝宝进入角色，可以给宝宝戴一顶帽子，作为飞行驾驶员的特征。妈妈是乘客，然后告诉宝宝自己想去一个遥远的国家。在飞行的过程中，妈妈可以让小小飞行员介绍很多途中的景物：房屋，树木，一条小河，一片草地，原野（它们上面都生长了哪些东西），人们（他们在做些什么）。

妈妈和宝宝：现在来一个好玩的互换角色游戏吧。妈妈来当宝宝，你可以同样变得调皮捣蛋，胡闹，当然也可以讨好"妈妈"，就像宝宝平时对你一样。宝宝面对这个甜蜜的困境会有些手足无措，但还是很高兴。这会让他了解到自己，并更好地领悟妈妈的处事方式。还可以让宝宝和他的玩具娃娃或者泰迪熊玩这个游戏，你在一旁观察。从中，你还会了解到应该如何通过自己的行为来影响宝宝。

塑造的乐趣

　　现在宝宝已经会了研究，而且能确认一些材质最明显的特征，比如，宝宝摸摸某个东西就能知道它是软的、硬的、粗糙的、液态的、有棱角的、平坦的，还是结实的。在第三年，宝宝会学习到如何根据材料的特质进行制作和塑造。通过对形象的记忆，宝宝会给自己用黏土或者橡皮泥揉捏出来的东西命名。过一段时间，他就会在创作的过程中说出创作的结果将会是什么样子的，大概到他三岁的时候，他就会对明确的目标进行有针对性的绘画和塑造了。当然，对于宝宝

创作的"艺术品",大人们请不要给予过多的评论。只可以表扬,绝不能批评和否定,要从宝宝的视角来看待这个作品。绝不要说:"这也不是猫啊,猫可不是长成这个样子的。"或者类似一些批判性的评语。这会把宝宝的创作天赋扼杀在萌芽阶段,夺走他创作的热情。妈妈应该做的是跟宝宝交流,问问他要做什么,都做了些什么,让宝宝用自己的方式来描述这个已完成的作品。

当宝宝对绘画或者制作感兴趣时,妈妈要对此表示关注并为此而感到高兴。更重要的是,你需要为他的创作提供尽可能多的材料和场所。应该准备彩笔、绘图蜡笔、粉笔、毛笔、水彩颜料以及绘画颜料。此外,还有足够大的纸(牛皮纸、裱糊纸卷、报纸、旧的海报、硬纸板等)。

宝宝还需要橡皮泥和黏土(夏天还可利用湿的沙子)来捏东西。珠子、积木、彩色的小盘子、旧的扑克牌、织料、石头、泡沫橡胶或者泡沫塑料都是宝宝创作时必不可少的材料。

一定要让宝宝自由地绘画和制作。这绝不是说不需要家长的建议和帮助,但妈妈应该记住,应该做宝宝的供给方,而不是严肃的监督者。

许多妈妈因为宝宝画画时弄得满身都是颜料而非常懊恼,并且因为怕麻烦就尽量让宝宝少画画,其实解决这个问题也非常简单,你可以用一个旧的塑料袋做一个罩衣:在袋子的底部和两边每处剪一个小洞,让宝宝的头和胳膊可以穿过,然后把它套在宝宝的身上,就再也不怕脏了。

找一张白纸，把液体状的颜料滴在纸上几滴，然后把纸立起来，就会伸展出有趣的图案。

当然，妈妈也可以给宝宝一些启发：

●用白色的蜡笔在一张白纸上涂画。然后用彩色颜料或者水彩颜料和毛笔在上面涂色。因为，蜡质会摆脱颜色的覆盖，宝宝就会看到美丽的、色彩斑斓的图案了。

●让宝宝的手蘸上儿童绘画颜料，然后让宝宝在纸或是纸盒上按出五颜六色的手印。如果宝宝稍大一些，还可以让他把这个手印用剪刀剪下来。

● 手掌也可以被当做"印戳"，把手掌蘸上颜料，然后在纸上做出有趣的图画。

● 用浅色的粉笔在深色的纸上或者用深色的粉笔在浅色的纸上画画。在宝宝画画的时候，旁边一定要准备一块湿的海绵或者抹布，以便随时擦手。

● 不仅粉笔和彩笔可以用来作画，还可以把沙子、小石头、彩色的纸屑，以及羊毛线粘在纸盒上或者一张结实的纸上，做成一幅风景画。

● 橡皮泥或者黏土是宝宝们最喜欢的东西了，用它们可以雕塑出各种形象。更有趣的是，它还可以做出立体画：把它擀平，然后把彩色的石头、珠子、贝壳、沙子，软市塞或者其他的材料按压到这个平面上。基底材

料风干了以后就会变硬，一副可爱的作品就诞生了，妈妈可以把宝宝的作品挂在客厅里，小家伙们会非常高兴的。

• 黏土还可以用来给宝宝做脚模和手模：直接把手按压在上面或者用脚踩在上面。干了以后就形成了漂亮的手模或脚模了，还可以给这个模型涂上颜色，然后挂起来。

培养探索精神

两到三岁的宝宝非常喜欢研究。你会发现宝宝们特别喜欢拆东西，玩具都会被他弄得七零八碎，那是因为小家伙很想知道这个玩具该怎么玩以及为什么这样玩，所以，不要担心破坏力，相反，多送给宝宝一些有趣的玩具吧，培养探索精神就要从小做起。

这个阶段，给宝宝最好的玩具就是可以拆开再组装的玩具，例如：拼插组装类的玩具，带螺栓和螺母的拼插积木，部位可拆卸的汽车或者火车（如带一个挂斗或者翻斗的），这些玩具对培养宝宝探索研究的精神是非常重要的。

如果家里有什么东西不要了，在确认安全的前提下，就可以给宝宝玩，让他尽情地拆卸。

散步中的新发现：在散步的时候，给宝宝一些寻找的任务，例如：我们来找一条黑色的狗，一个戴帽子的男人，一个骑着三轮车的小孩，一个拎着购物袋的女人，一辆蓝色的轿车，一辆摩托车等。当然，这些都是你们以前在路上遇到过的真实事物。如果宝宝找对了，一定要给他个大大的表扬啊！

在上面看世界就是不一样：带宝宝登上一座塔或者跟他在一座摩天大楼上透过关闭的窗户向下看（一定要注意安全）。首次用这种展望的方式识别以及区分一些宝宝已经熟知的事物（汽车、人、房屋、信号灯、路灯）不是一件容易的事。

假设场景的故事：给宝宝讲述一件在别的地方发生的事，然后让他复述。这不仅是记忆练习，也是语言练习。如果宝宝已经通过自己的观察了解到一些情况，并且能够讲述出来，那么妈妈就不需要讲一些假设的故事了。

可以进行假设的场景有很多：

在农场

在体育馆

在游泳池里

在建筑工地

在饭店

在机场

在百货商店

在森林里

在理发的时候

在马戏团、剧院

在园圃

在邮局

在夏天、冬天

秋天以及春天

……

都发生了什么?

越是能让你们想到更多细节的场景，效果越好。

寻宝游戏仍然很受欢迎：

故意藏起来一些东西，比如玩具娃娃，一双袜子，鞋，草坪上的球，一个新的玩具，或者一个人。妈妈要和宝宝共同思考这个寻找的对象在哪，最后一次见它是在什么时候，它之前一般都放在哪里啊……如果宝宝实在找不到，妈妈可以适当给他一些提示，但是绝对不

要越俎代庖哦！这样才能让宝宝学会自己回忆、思考以及系统有条理地寻找。

带宝宝参观展览会和博物馆：边参观边跟宝宝讨论。特别是那些宝宝感兴趣的东西。不一定每次都要参观全部的东西，如果遇到宝宝感兴趣的，哪怕只有很少的一部分，也足够了。经常带宝宝去参加这样的活动吧！尤其是一些比较容易引起宝宝兴趣的博物馆或展览，例如玩具娃娃或者技术发明类博物馆。

所有能动、能变化的东西都会让宝宝着迷：进进出出的火车、地铁，行进中的船和汽车，这些东西宝宝都很感兴趣，有时间的话多多带宝宝去看看吧！你们还可以参观一年一度举行的庙会啊，大型的民族节庆活动啊等充满感官刺激的场景，对宝宝都是很有好处的，在这里他可以学到很多东西。

放大镜下的另一个世界：给宝宝一个放大镜，让他仔细地观察一些很小的东西：一朵小花，木头的纹理，石头上精细的图案，微小的贝壳，一小堆沙子或者咖啡。他会发现这些东西看起来跟平时不一样了，激起宝宝探索的渴望。

声音游戏

自己做音乐：现在，宝宝已经可以很好地分清不同的声音，并能掌握一定的小规则自己制作音乐了。因此，所有能产生不同音色、音调的"乐器"都是有趣的，例如：

杯子或者瓶子：里面装上各种液体（从空的逐渐加满），然后用勺子（或者其他的东西）敲打它们，可以发出不同音调的声音。

发音的吸管：把吸管的另一端剪成尖尖的，压住，然后往里

面吹气。再在吸管的上面剪个洞，就会产生两种不同的音调。

弦乐：弦乐是细细的绳子被拉起发出的声音。妈妈可以在一个纸盒上绷上细的橡皮筋，绷得越紧，发出声音的音调就会越高。如果宝宝喜欢，不妨给宝宝买一个真正的弦乐乐器。也许，这就是小小音乐家迈出的第一步呢。

此外，口琴或者三角铁也是小朋友非常喜欢的乐器。从前玩过的摇鼓或者吹奏乐器也仍然会继续受到宝宝们的欢迎。

跳舞——每个宝宝都有音乐天赋：这个年龄阶段的宝宝非常喜欢跟着旋律和节奏跳舞，虽然可能跳的根本不是什么真正的舞蹈，但是他们会随着节奏舞动自己的身体，所以在唱歌和鼓掌的时候，妈妈可以跟宝宝一块跳舞，有节奏地随着音乐律

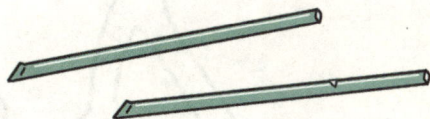

动来跳舞。你也可以给宝宝看一些跳舞的DVD或者听一些节奏欢快的CD。跟宝宝一起快乐地跳舞吧！

"看"音乐：宝宝们不只喜欢听音乐和自己演奏"音乐"。他们对这些美妙音乐的产生过程也是非常感兴趣的。因此，妈妈可以让宝宝看看别人是怎么"做"音乐的。无论是民间节日里的乐队演出，音乐会，爵士乐队表演，或是街道上的独奏独唱艺人，有机会的话都应该让宝宝看看专业人士用的乐器是什么，他会看到都有哪些乐器，也会听到这些不同的美妙旋律是如何演奏出来的。表演的质量并不是首要的，由于宝宝目前只是暂时感兴趣！因此，妈妈们也不需要带他观看非常正规的交响音乐会，只要简单地看看自由表演就可以了。而且，只能在宝宝感兴趣的前提下和时间段带他看，如果宝宝不想看，不要勉强他。

唱歌：此时，宝宝对学习唱歌非常有兴趣。因此，妈妈要经常给宝宝唱歌听。开始的时候，妈妈先领唱一遍或者两遍，或者更多，这主要取决于宝宝仔细聆听的时间长短。慢慢地，他就会尝试着重复唱上一段。有时候，他还喜欢只是哼着旋律，或者唱"啦啦啦"。妈妈唱一遍，然后宝宝唱，最后你们一块唱。当然，到宝宝能够真正地学唱一首歌还得需要一段时间。不要批评他的不足，因为批评会夺走他对音乐的热情，而且会阻碍他以后在音乐道路上的发展。

如果宝宝已经对某些歌曲很熟悉了，妈妈也可以在先哼给他听，然后让他猜这是什么歌，然后让宝宝自己（或者跟你一起）接着唱下去。当然，还可以做得更有趣：妈妈先大声地唱歌或者说话，然后突然降低声音（这可以锻炼听力），时而快一点儿，时而再慢一点儿。宝宝会觉得非常有趣，然后会跟着模仿。

拍手：请妈妈先唱歌的第一段，同时随着节奏拍手。唱第二段的时候只是按着节奏拍手，不唱歌。

妈妈还可以给宝宝朗诵押韵的歌谣，然后伴随着节奏拍手。更有趣的做法是，宝宝跟着妈妈一块拍手，或者你们相互拍手。

妈妈可以自己动手做一个唱歌时伴奏用的摇鼓：拿两个空的酸奶杯，里面装上大米，对在一起，然后在连接处用胶带缠绕黏合。一个简单实用的摇鼓就完成了。

和其他小朋友一起做游戏

　　早在两岁以前，宝宝就已经对小区里的其他小朋友产生了浓厚的兴趣。妈妈带着宝宝在小区里散步，宝宝们互相认识，伸手互相摸摸头摸摸脸，表示友好，有时候会分享互换玩具，有时候却会突然翻脸抢玩具。到了第三年，宝宝们才开始学会和其他宝宝一起做游戏，因为这个时候他才开始懂得掌握和遵守一些简单的规则，不会发生扭成一团的窘境了。

在宝宝的成长过程中，与同龄小朋友接触和玩耍是非常重要的。这会让他学会融入集体，了解人与人之间是有差异的，并且逐渐学会接受这种差异。

下面这些游戏很适合让很多小朋友一起玩，尤其是在宝宝过生日的时候。当然，开始的时候是一定需要家长陪伴的，家长们告诉宝宝们这些游戏如何来玩。对简单一点的游戏，宝宝们接受得很快，而且马上就能开始玩了。

所有带有翅膀的都会高飞：让宝宝们坐成一个圈（或者围着桌子坐着），把手放在膝盖上（或者放在桌面上）。一个人先说（最好

是由成年人开始，在游戏的过程中也可以让宝宝们一个接一个地对前一个人说的话做出相应的动作）："所有的鸟都向高处飞去"，这时，所有的宝宝都必须举高他们的胳膊，做出飞翔的动作。"所有的鸽子都向高处飞去"，同样的，所有的宝宝都要举高他们的胳膊，"所有的乌鸦都向高处飞去"，"所有的蜜蜂都飞向高处"等。只要说出来的动物是有着真实翅膀、可以飞翔的动物，宝宝们都要举高胳膊做出飞翔的动作。当然，如果说出的动物是不会飞的，比如"所有的猫都飞向了高处"。这时，小朋友们应该保持不动。这时候如果有人动了，举起了胳膊，就输了，要表演一个节目哦！当然，做这个游戏有一个前提，就是宝宝们首先对一些动物非常了解才行。

　　圆圈舞：宝宝们围成一个圈，然后顺时针跑动，边跑边说着下面的歌谣，唱到"快，快，快，快蹲下"的时候，所有的宝宝就都要蹲下来，如果有人站着，那就该表演节目了。

拉圈圈，拉圈圈，

三个小朋友，

站在花中间。

跑跑跑，跳跳跳，

看谁跑得最热闹。

快，快，快，

快蹲下，

谁没蹲下谁输了！

四季歌：让宝宝们围成一个圈，让一个宝宝站圆圈中间。唱第一段时，所有的宝宝向右走。唱第二段再向左走。第三段时，中间的小朋友跟着节奏来拍手，其他的宝宝站在原地转三圈。

有一位好妈妈，

有四个乖宝宝，

春天，夏天，

秋天，冬天。

春天带来鲜花，

夏天带来小·草，

秋天送来葡萄，

冬天送来雪花。

拍拍手，拍拍手，

小·朋友们知道了。

看谁拍得快：第一个小朋友把右手放在桌子上。第二个小朋友把右手放在第一个小朋友的手上。一直这样叠加下去，直到最后一个小朋友把右手放在这个小手山上。然后，再开始继续放上左手。让所有的手都彼此重叠。然后，让最下面的手抽出来，来拍打最上面的手，速度越来越快。最后，就会听到噼里啪啦的拍手声。

火车嘟嘟嘟：宝宝们站成排。两个小朋友开始唱歌，手拉着手向前走，其他的宝宝陆续加入进来，一首歌唱完，小火车也成形了。

看谁装得快：在一个长走廊上或者面积较大的客厅里，摆放两排积木。每个宝宝拿着一个袋子，在最短的时间内把面前的一排积木放到袋子里。谁最先把袋子装满了，谁就赢了。当然，如果空间足够大的话，也可以摆放三排或者更多的积木，让更多的小朋友们一起玩。

类似丢手绢的游戏：宝宝们站或者坐成一个圈，中间相距半米左右，一个宝宝站在中间。作为裁判的家长可以以歌声开始，让外面的宝宝们把东西在身后偷偷地传递下去，然后以歌声停止为信号，让圈中间的宝宝来猜那个东西传到谁的身后了。如果他猜对了，就让被他猜到的那个宝宝站到中间来，然后继续下一轮游戏。

动物扮演游戏

还记得带宝宝参观动物园的情景吗？大家一起来玩动物园的游戏吧。在游戏开始之前，让宝宝们自己选择扮演自己喜欢的动物。导演（第一次最好是一位成年人来扮演）来讲述故事的内容。比如：一家人去动物园参观，宝宝先经过了大猩猩的窝。大猩猩兴奋地摇晃着笼子，发出嗷嗷的叫声……每当提到一个动物，就要让宝宝来扮演这个动物，模仿动物的动作和声音。当然，故事当中只能提及一些宝宝了解的动物。

很多小朋友们在一起做游戏会让宝宝们非常开心，而且还能锻炼宝宝的社交能力。

做运动

宝宝现在已经会做很多事了。他将继续不断地学习，让自己变得更机灵。他们渴望成功，每一次成功都会让小家伙们非常高兴。如果宝宝们成功地做到了，妈妈一定要给予肯定的反应。小宝宝们不喜欢失败，失败会让他们气馁，成功则会增加他们继续玩下去的兴趣。所以，开始做的活动要尽可能简单些，这样便于宝宝们掌握。之后，他就会饶有兴趣地投入其中，然后

再逐渐增加活动的难度。

同爸爸妈妈一起做运动：让宝宝骑在爸爸的肩膀上，带着他在房间里（或者在花园里）走路或者跳跃，身体可以轻微地向前、向后以及两边弯屈。但记住，动作幅度不能太大，以免宝宝因为害怕而从上面摔落。各项运动如下：

小火箭起飞了：爸爸平躺着，屈膝，脚底朝上。妈妈把宝宝小心翼翼地放在这双脚底上坐着。然后，爸爸用力蹬腿，让宝宝的屁屁离开爸爸的脚底，而妈妈要负责接住宝宝。开始的时候一定要非常小心，速度要慢，并且仅仅是轻轻地把宝宝"蹬"出去。熟练之后，再逐渐加大动作的幅度。

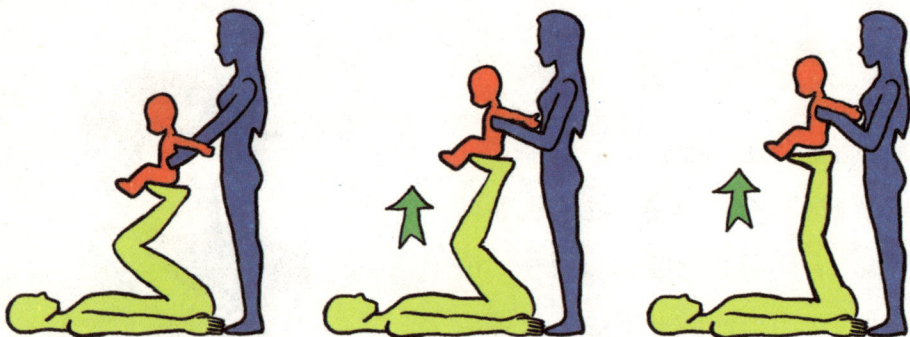

宝宝版跳绳：准备一条又长又粗的绳子，然后拿它在地面上慢慢地扫圈。当绳子扫到宝宝的脚前，他会尝试着跳过去。玩几次以后交换一下，让宝宝拿着绳子扫圈，妈妈来跳。

小小手推车：让宝宝用双手支撑在地板上，妈妈握住他的双脚，像推着手推车那样在地面上移动。开始的时候，距离不要太远，不然小家伙会很累的。根据宝宝的适应情况，可以慢慢延长距离。

爸爸跪卧成爬行的姿势。然后让宝宝骑在背上。开始的时候需要妈妈扶持。当他坐稳了，爸爸还可以效仿马受惊那样，原地转圈、抖动、颠跳，以及把头伸向下面。

亲子障碍跑：妈妈可以在房间里铺设一些障碍物：一把可以匍匐通过的椅子，一张可以从下面蹲着走过去的桌子，再来一把可以在上面攀爬的椅子等。现在，和宝宝来一个"障碍赛跑"吧。当然，妈妈一定要亲自参与比赛才行。

转圈飞：妈妈握住宝宝的手关节，和他原地转圈圈，由慢到快，直到他的双脚飞离地面。注意，不要转得太快，也不要一次做太长时间，否则你们都会头晕的。而且，开始的时候一定要慢，以免因为过度牵拉而对宝宝的关节处造成损伤。

亲子"体操课"：宝宝是老师。他先做动作，妈妈来模仿：躺下，起来，蹲下，用一条腿蹦跳，躺下向旁边翻滚，像一个小市偶那样跳，同时伸展双臂和双

腿。如果宝宝不知道接下来该做什么动作了，妈妈可以跟宝宝互换角色，让宝宝模仿。

水中嬉戏：到了这个年龄阶段，绝大多数宝宝都不再像小时候那么喜欢水了。他们不喜欢把水溅到脸上，或者让水从头上流下来。因此，许多妈妈会因为给宝宝洗头而懊恼。其实解决的办法也是很简单的，无论是在家中的浴缸里，还是夏天在儿童戏水池中，在湖里，或在大海边，妈妈们都可以跟宝宝一起做很多有趣的游戏，这能让宝宝忘记对于水的恐惧和排斥。这样等宝宝长大之后，学习游泳的时候就不会那么困难了。

当宝宝坐在水里的时候（最好是在自家的浴缸里），要尽可能让他多多猛烈地拍水或者泼水。虽然这会弄得浴室里乱七八糟，但是等宝宝洗完澡之后擦掉就可以了。同时，再给他准备一些在水里玩的玩具：塑料船、小水壶之类的，让他自己

往头上浇水。等他习惯了，洗头就不是什么难事儿了。

如果是在室外的水池里，妈妈可以给宝宝展示如何来制造波浪和水花。先让他勇敢地在一些浅水里跳跃，之后再逐渐增加水的深度。这样就能逐渐克服宝宝对于水池的恐惧了。

所有的水中游戏都必须注意：绝对不要强迫宝宝，家长要时刻伴其左右，哪怕是在浴缸里也必须寸步不离。如果宝宝的头部不小心先入水中而让他感到非常害怕，妈妈要立刻给予安慰。而且，在开始游戏之前，妈妈最好亲身体会一遍所有游戏的流程，比如，让水喷溅，浇注，淋洒到自己身上等。让宝宝看到，当水溅到脸上的时候，妈妈们要表现得很高兴，当然，还可以学一些动物叫声，引起宝宝的兴趣。

球类游戏：这个时候的宝宝想要做到准确地投掷，还不是那么容易。

● 妈妈坐在宝宝的对面，叉开双腿将球滚出，滚到宝宝双腿中间的缝隙中，然后再让宝宝将球滚回来。宝宝越大，妈妈和宝宝之间的距离也要有所增加，这样才能达到游戏效果。

● 增加难度，把双腿合拢：让球在身体的左边和右边滚动。

● 妈妈用身体来做一个拱桥，让宝宝把球从"桥洞"下面滚过去。然后，让宝宝来做拱桥，妈妈来滚球。

● 扔出去，再接住：这对于宝宝来说真的是一个很难的练习。妈妈必须要先给他演习一遍。但注意，不要把球扔得太高，否则会使宝宝失去信心和耐心，不再喜欢继续模仿。扔起的高度最好始终保持在与宝宝的头部平齐，让宝宝用双手能够接住。妈妈应该站在宝宝对面1米左右的地方，不要太远，然后把球扔向他，太远了，宝宝会接不到球的。

● 投篮游戏：准备一个纸篓，给宝宝拿一个球，让他在1米的地方往纸篓里面扔球，如果成功了，再逐渐增加距离。

Published in its Original Edition with the title

Gerda Pighin, Spaß mit Förderspielen: Für Kinder von 0 bis 3 Jahren

by Urania Verlag

Copyright © Urania Verlag in der Verlag Herder GmbH. Freiburg im Breisgau 2008

This edition arranged by Himmer Winco

©for the Chinese edition: LIAONING SCIENCE AND TECHNOLOGY PUBLISHING HOUSE

图书在版编目（CIP）数据

培养天才宝宝的魔法游戏 /（德）格尔达·皮金著，王爽译.—沈阳：辽宁科学技术出版社，2011.10

ISBN 978-7-5381-7136-5

Ⅰ.①培… Ⅱ.①格… ②王… Ⅲ.①婴幼儿—智力开发—游戏 Ⅳ.①G613.7

中国版本图书馆CIP数据核字（2011）第183707号

出版发行：辽宁科学技术出版社
　　　　　（地址：沈阳市和平区十一纬路29号　邮编：110003）
印　刷　者：沈阳市北陵印刷厂有限公司
经　销　者：各地新华书店
幅面尺寸：168mm×236mm
印　　张：10.5
字　　数：150千字
印　　数：1~5000
出版时间：2011 年 10 月第 1 版
印刷时间：2011 年 10 月第 1 次印刷
责任编辑：姜　璐
封面设计：魔杰设计
版式设计：房文萃
责任校对：刘　庶

书　　号：ISBN 978-7-5381-7136-5
定　　价：29.80元

投稿热线：024-23284367　1187962917@qq.com
邮购热线：024-23284502
本书网址：www.lnkj.cn/uri.sh/7136